SARAH KNIGHT

NOT

SORRY

SARAH KNIGHT

NOT SORRY

VERGEUDEN SIE IHR LEBEN NICHT MIT LEUTEN UND DINGEN, AUF DIE SIE KEINE LUST HABEN

Aus dem Amerikanischen
von Sybille Uplegger

ullstein extra

Ullstein extra ist ein Verlag der Ullstein Buchverlage GmbH

www.ullstein-extra.de

ISBN 978-3-86493-046-1

2. Auflage 2016
© für die deutsche Ausgabe Ullstein Buchverlage GmbH, Berlin 2016
Alle Rechte vorbehalten
© Emergency Biscuit Inc., 2015
This edition published by arrangement with Little,
Brown and Company, New York, New York, USA.
All rights reserved.
Titel der amerikanischen Originalausgabe: *The life-changing magic of
not giving a f*ck. How to stop spending time you don't have with people you
don't like doing things you don't want.* Little, Brown and Company 2015
Illustrationen im Innenteil nach einer Vorlage von Lauren Harms
Umschlaggestaltung: © Favoritbuero GbR, München
Umschlagmotiv: © Favoritbuero GbR, München
Autorenfoto: © George Townley
Satz: Pinkuin Satz und Datentechnik, Berlin
Gesetzt aus der Kepler
Druck und Bindearbeiten: CPI books GmbH, Leck
Printed in Germany

EIN SCHEISSVERDAMMTER DISCLAIMER

In diesem Buch geht es darum, wie man lernt, nicht immer zu allem ja zu sagen. Um meine Methoden adäquat zu quantifizieren, werde ich im Folgenden offenlegen, zu welchen Dingen, Ideen, Ereignissen, Aktivitäten und Menschen ich persönlich nein gesagt habe. Vielleicht sind Sie nicht mit all meinen Entscheidungen einverstanden. Damit kann ich leben. Womöglich haben Sie an gewissen Stellen der Lektüre auch das Gefühl, sich wiederzuerkennen – vor allem, wenn Sie Mutter oder Vater eines kleinen Kindes, Karaoke-Enthusiast, Freund, Familienmitglied oder ehemaliger Kollege von mir sind. Falls Sie irgendwo auf den folgenden Seiten also der Verdacht beschleicht, es sei von Ihnen die Rede, dann nur aus einem von zwei Gründen: entweder weil es tatsächlich so ist oder weil Sie verblendet sind.

In jedem Fall gilt: Wenn Sie sich durch irgendetwas, das ich geschrieben habe, angegriffen fühlen, brauchen Sie dieses Buch *ganz besonders dringend*. Dann blättern Sie bitte umgehend vor zu Seite 37: »Sie müssen aufhören, sich darum zu scheren, was andere Leute denken«.

Inhalt

EINLEITUNG

Wenn Sie so sind wie ich, sagen Sie viel zu oft ja. Ihr Konto ist überzogen, das Leben reibt Sie auf. Sie sind gestresst, unter Druck, vielleicht löst der Gedanke an Ihre unzähligen Verpflichtungen sogar Angstgefühle aus.

Not Sorry ist ein Buch für alle, die zu viel arbeiten, zu wenig Spaß haben und nie genug Zeit finden, sich den Menschen und Dingen zu widmen, die sie wirklich glücklich machen.

Ich war fast dreißig, als mir klarwurde, dass es möglich ist, nicht immer zu allem ja zu sagen. Danach mussten noch einmal zehn Jahre vergehen, ehe ich herausfand, wie sich das im großen Stil umsetzen lässt. Das vorliegende Buch ist das Ergebnis dessen, was ich über das Ja-Sagen – und vor allem über das Nein-Sagen – gelernt habe; ein Zeugnis der Lebensfreude, die ich dadurch gewonnen habe, und es ist zugleich eine Schritt-für-Schritt-Anleitung für all jene, die die Fesseln des Ja-Sagens abstreifen und ein ausgeglicheneres, glücklicheres Leben führen möchten.

Gewisse Elemente meiner Methode werden Ihnen möglicherweise bekannt vorkommen: herzlichen Glückwunsch! Sie haben nicht unter einem Stein gelebt, während *Magic*

Cleaning von Marie Kondo weltweit die Bestsellerlisten eroberte. Millionen Leserinnen und Leser haben ihre aus zwei Schritten bestehende KonMari-Methode für sich entdeckt, sich aller Gegenstände entledigt, die kein »Glücksgefühl« in ihnen auslösen, und die übriggebliebenen neu geordnet. Das Ergebnis ist eine übersichtliche, ruhige Wohnumgebung, die, wie Ms Kondo behauptet, auch Veränderungen außerhalb der eigenen vier Wände begünstigt.

Und was hat ein japanisches Buch über das Aufräumen nun mit meinem Manifest über das Nein-Sagen zu tun?

Ich dachte schon, Sie würden nie fragen!

So manierlich, planvoll und effektiv Ms Kondo auch der materiellen Unordnung der Menschen beizukommen vermag – ich habe noch etwas ganz anderes für Sie in petto ...

ENTRÜMPELN SIE
IHRE JA-SCHUBLADE

Im Sommer 2015 habe ich meine Stelle bei einem großen Verlagshaus gekündigt und eine Karriere an den Nagel gehängt, an der ich fünfzehn Jahre lang gefeilt hatte, um mich stattdessen als Lektorin und Schriftstellerin selbständig zu machen. An besagtem Tag verließ ich mein altes Bürogebäude – rutschte die Karriereleiter schneller herunter als eine Stripperin kurz vor Lokalschluss ihre Stange – und verbannte so mit einem Schlag einen ganzen Haufen von Dingen aus meinem Leben, die mir zuvor wichtig gewesen waren: meine Vorgesetzten, meine Kollegen, den morgendlichen Pendelverkehr, meine Outfits, meinen Wecker und noch vieles andere mehr. Fortan gab ich einen gepflegten Scheiß auf Vertreterkonferenzen. Ich gab einen Scheiß auf »bequeme, aber bürotaugliche Kleidung«. Ich gab einen Scheiß auf Mitarbeiterversammlungen. Ich protokollierte nicht mehr zwanghaft meine Urlaubstage wie ein Häftling, der seine abgesessene Zeit mit krummen Strichen in der Wand seiner Zelle verewigt.

Sobald ich vom Joch des täglichen Unternehmens-Einerleis befreit war, hatte ich viel mehr Zeit zur Verfügung – und die Freiheit, diese Zeit so zu verbringen, wie ich es für richtig hielt. Ich schlief, bis ich wirklich und wahrhaftig Lust zum Aufstehen hatte. Ich aß mit meinem Mann zu Mittag, arbeitete dann an ein oder zwei Projekten (oder ging an den Strand) und mied, sofern das überhaupt möglich ist, die New Yorker U-Bahn. Und ich las *Magic Cleaning – wie richtiges Aufräumen Ihr Leben verändert.* Als von Natur aus ordnungsliebender Mensch hatte ich nicht das Gefühl, Ms Kondos Rat zu bedürfen. Allerdings bin ich immer auf der Suche nach Möglichkeiten, mein Apartment wie eine Fotostrecke in einer teuren Einrichtungszeitschrift aussehen zu lassen – und außerdem konnte ich ja jetzt mit meiner Zeit anfangen, was ich wollte. Ob das nun Arbeiten war, Schlafen oder eben Aufräumen.

Ich kann Ihnen sagen, dieses kleine Büchlein hält, was es verspricht. Es war beinahe ... wage ich es auszusprechen? ... *magisch.*

Innerhalb weniger Stunden hatte ich die Sockenschublade meines Mannes nach der KonMari-Methode ausgemistet. Diese Methode sieht vor, dass man zunächst diejenigen Socken, die man nie trägt (in meinem Fall: die Socken, von denen ich wusste, dass mein Mann sie nicht mochte und sie daher nie trug), aussortiert und die restlichen dann so faltet, dass sie wie kleine Soldaten in Reih und Glied aufrecht nebeneinanderstehen. Auf diese Weise hat man, wenn man das nächste Mal die Schublade öffnet, gleich den Überblick über den kompletten Sockenvorrat.

Nach der Begutachtung des Ergebnisses war selbst mein Mann – der mich anfangs für wahnsinnig gehalten hatte, weil ich meine Zeit damit verplemperte, seine Socken neu zu organisieren – restlos überzeugt. Am nächsten Tag entrümpelte er auf eigene Faust seinen Kleiderschrank und die übrigen Schubladen.

Wenn Sie Marie Kondos Buch noch nicht kennen, lassen Sie mich kurz erläutern, was das Ergebnis dieses durchaus mühevollen Unterfangens war.

Wir wurden nicht nur Kleidungsstücke los, die wir nicht mehr brauchten oder die uns nicht mehr gefielen (wodurch wir uns automatisch mehr über die verbliebenen Kleidungsstücke freuten); wir reduzierten überdies die Zeit, die wir künftig benötigen würden, um uns zu entscheiden, was wir anziehen wollen (weil wir jetzt alles mit einem Blick überschauen können). Nichts geht mehr »verloren« (weil wir Ms Kondos Methode des vertikalen Faltens befolgen), und es fällt viel weniger Schmutzwäsche an (da wir nicht länger irrigerweise annehmen, nichts zum Anziehen zu haben, weil die guten Sachen zerknittert ganz hinten in der Kommode unter dieser einen Hose liegen, die uns nicht mehr passt). Mit anderen Worten: Unser Leben ist deutlich besser geworden, seit wir die Übersicht über alle unsere Socken haben.

Danach lief ich wochenlang herum und versuchte jeden zu bekehren, der bereit war, mir zuzuhören (und auch viele, die nicht dazu bereit waren). Meine Kündigung und die aufgeräumte Sockenschublade hatten mich in eine Stimmung versetzt, die nach Lebensveränderung rief!

16

Beim Betrachten meines tadellos ordentlichen Zuhauses fühlte ich mich ausgeglichener, zufriedener, behüteter – ich mag freie Oberflächen und gutsortierte Küchenschränke. Aber was mich wirklich glücklich machte, war die Freiheit, einen Job geschmissen zu haben, der mich nicht ausfüllte, und dadurch endlich wieder mehr Zeit für Menschen, Dinge, Aktivitäten und Hobbys zu haben, die mir wirklich Freude machten. Dass ich das so lange aus den Augen verloren hatte, daran waren nicht zweiundzwanzig durcheinandergewürfelte Sockenpaare schuld, sondern **zu viele Verpflichtungen und zu viel mentale Unordnung.**

In dem Moment wurde mir bewusst ... dass es in Wahrheit überhaupt nicht um Socken geht.

Verstehen Sie mich nicht falsch: Ich bewundere Marie Kondo dafür, dass sie eine Entrümpelungs-Revolution in Gang gesetzt hat, die den Menschen hilft, mehr Freude in ihr Leben zu bringen. Bei mir hat ihre Methode funktioniert, und ganz offensichtlich funktioniert sie auch bei Millionen anderen Menschen rund um den Globus. Aber wie sie selbst in ihrem Buch schreibt: »Das Leben beginnt erst wirklich, *nachdem* Sie Ordnung in Ihr Haus gebracht haben.«

Ich hatte Ordnung in mein Haus gebracht. Die wahre Magie begann, als ich mich der Unordnung in meiner Ja-Schublade zuwandte.

Aber spulen wir kurz zurück.

DIE KUNST DES
MENTALEN ENTRÜMPELNS

Ich wurde als Jasagerin geboren. Sie vielleicht auch. Als selbsternannte überehrgeizige Perfektionistin lud ich mir seit meiner Kindheit und Jugend so ziemlich jede Verpflichtung auf, die mir über den Weg lief. Ich nahm unzählige Projekte in Angriff, legte reihenweise standardisierte Tests ab, um die Anerkennung meiner Familie, meiner Freunde, ja sogar entfernter Bekannter zu erringen. Ich gab mich mit Leuten ab, die ich nicht mochte, um großherzig zu wirken; ich erledigte Jobs, die unter meiner Würde waren, um die Fleißige zu sein; ich aß Sachen, die ich eklig fand, um nicht unhöflich zu erscheinen. Kurzum: Ich zog mir jeden Schuh an, sagte zu jedem Mist ja. Und das viel zu lange.

So kann man auf Dauer nicht leben.

Als ich das erste Mal jemanden traf, dem solcherlei Dinge am Arsch vorbeigingen, war ich Anfang zwanzig. Nennen wir diese Person Jeff. Jeff war Inhaber eines erfolgreichen Unternehmens und hatte einen großen Freundeskreis. Und er tat nie etwas, was er nicht wollte.

Trotzdem wurde er von allen respektiert und geschätzt. Sie hätten niemals von ihm erwarten dürfen, dass er zur Tanzaufführung Ihres Sprösslings in den Kindergarten kommt oder den Zieleinlauf bei Ihrem siebzehnten 5-Kilometer-Rennen bejubelt. Aber das machte nichts, denn so war er einfach, verstehen Sie, was ich meine? Er war ein vollkommen netter, geselliger und angesehener Mann, obwohl er nur die Dinge tat, die ihm wirklich am Herzen lagen – eine enge Beziehung zu seinen Kindern pflegen, Golf spielen, jeden Abend *Jeopardy* im Fernsehen schauen. Und der ganze Rest?

Auf. Den. Gab. Er. Einen. Scheiß.

Er wirkte immer ausgeglichen und – nun ja: glücklich. *Hm*, dachte ich oft, nachdem ich Zeit mit ihm verbracht hatte. *Ich wünschte, ich könnte mehr so sein wie Jeff.*

Später, mit Mitte zwanzig, hatte ich einen Nachbarn, der in der Wohnung unter mir wohnte und ein absoluter Alptraum war. Aus unerfindlichen Gründen war es mir so wichtig, was dieser Nachbar über mich dachte, dass ich mich ständig seinen vollkommen absurden Forderungen beugte. (Einmal überredete er eine Bekannte von mir dazu, in hochhackigen Schuhen in meiner Wohnung umherzu-spazieren, während ich mit ihm zusammen ein Stockwerk tiefer auf seinem Sofa saß und ihren Schritten lauschte. Ich hörte zwar nichts, pflichtete ihm aber dennoch artig bei, dass es »schon ein bisschen laut« sei.)

Der Kerl hatte ein paar Schrauben locker, das stand völlig außer Zweifel – wieso also kümmerte es mich, ob er mich leiden konnte oder nicht? Rückblickend hätte ich spä-testens dann auf Mr Rosenbergs Ansichten scheißen sollen, als er meine Mitbewohnerin zum ersten Mal beschuldigte, im Schlafzimmer über seinem »exzessive Körperertüchti-gung zu betreiben« – und das obwohl besagte Mitbewohne-rin zu der Zeit seit über zwei Wochen auf Europareise war.

Als ich auf die dreißig zuging, verlobte ich mich und be-gann unsere Hochzeit zu planen – ein Vorgang, der es von einem verlangt, dass man ungeheuer viele Dinge ungeheuer wichtig nimmt: Budget, Location, Catering, das Kleid, die Fotos, die Blumen, die Band, die Gästeliste, die Einladungs-karten (Formulierung und Papierstärke), das selbstverfasste Gelöbnis, die Torte und alles andere – die Liste ließe sich endlos fortsetzen.

Viele dieser Dinge waren mir tatsächlich wichtig, aber einige eben auch nicht. Trotzdem machte ich mir brav über alles Gedanken, weil ich es nicht besser wusste. **Irgendwann war ich so gestresst, dass Worte wie »Zufriedenheit« und »Glück« für mich jegliche Bedeutung verloren hatten.**

Als der große Tag näher rückte, bekam ich Migräne, hatte ständig Magenschmerzen und einen Hautausschlag, der so rosarot war wie die floralen Details an meinem Kleid. War es, rückblickend betrachtet, nicht pure Zeitverschwendung gewesen, mit meinem Mann darüber zu streiten, ob wir auf dem Hochzeitsempfang »Brown Eyed Girl« spielen sollten?

Jap.

War es wirklich nötig gewesen, persönlich jedes einzelne der Horsd'œuvres auszuwählen, die auf der Feier herumgereicht werden sollten, zumal ich am Ende sowieso keine Gelegenheit hatte, auch nur eins davon zu essen, weil sie serviert wurden, während wir die Hochzeitsfotos machten?

Nö.

Dennoch – und hier begann sich das Blatt langsam, ganz langsam zu wenden – konnte ich einen kleinen Sieg feiern. Mag sein, dass mir die Gästeliste wichtig war (denn das Budget war mir *definitiv* wichtig), aber wissen Sie, was mir total am Arsch vorbeiging? Die Sitzordnung!

Ich hatte einfach entschieden, dass unsere Hochzeitsgäste vernunftbegabte Erwachsene waren, die keine fremde Hilfe benötigten, um sich einen Stuhl zu suchen, auf dem sie sitzen konnten, während sie sich auf meine Kosten satt aßen, betranken und von einem Unterhaltungsprogramm berieseln ließen. Durch diese Entscheidung sparte ich Stunden – vielleicht ein Dutzend oder mehr –, in denen ich andernfalls über dem Saalplan gebrütet und Tanten, Onkel sowie Begleitpersonen den Perlen auf einem Abakus gleich hin- und hergeschoben hätte. Triumph!

Nach der Hochzeit war ich mit meinen Kräften völlig am Ende. Ich hatte mein Limit erreicht. Doch zugleich hatte ich in Gestalt der nichtvorhandenen Sitzordnung auch den flüchtigen Blick auf einen Silberstreif am Horizont erhascht. *Eigentlich* hätte mir die Sitzordnung wichtig sein *sollen* – aber statt dieses Gefühl der Verpflichtung über meine eigenen Bedürfnisse zu stellen, hatte ich kurzerhand beschlossen, darauf zu scheißen und den Dingen – beziehungsweise den Hinterteilen meiner Gäste – freien Lauf zu lassen. Und hat sich irgendjemand bei der Braut darüber beschwert? Nein.

Hmm ...

Im Laufe der darauffolgenden Jahre **sagte ich Schritt für Schritt immer öfter nein zu Kleinigkeiten, die mich nervten:** Ich ging nicht mehr auf After-Work-Partys. Ich entfreundete einige sehr unangenehme Personen auf Facebook. Ich weigerte mich, noch eine weitere »Lesung« irgendeines »Theaterstücks« über mich ergehen zu lassen. Und jedes Mal ging es mir ein bisschen besser. Ich fühlte mich nicht mehr so überlastet. War entspannter. Ich legte bei Werbeanrufen einfach auf; ich schlug die Einladung zu einem Wochenend-Trip mit Kleinkindern aus; ich brach Staffel 2 von *True Detective* nach nur einer Folge ab. Ich war auf dem Weg zu meinem wahren Selbst und konnte mich mehr auf Menschen und Dinge konzentrieren, die, wie Marie Kondo vielleicht sagen würde, Glücksgefühle in mir auslösten.

Bald wurde mir klar, dass auch ich wichtige Erkenntnisse in Bezug auf lebensverändernde Entrümpelungsaktionen mit der Welt zu teilen hatte.

Macht es Lust? Dann sagen Sie um Gottes willen ja dazu! Aber die viel relevantere Frage lautet womöglich:

Bringt es Frust?

Dann sagen Sie nein! Scheißen Sie darauf, und zwar sofort und ausgiebig. Ich kann Ihnen zeigen, wie das geht.

Ich habe eine Methode entwickelt, **mit der Sie Ihren** *mentalen Raum* **entrümpeln und neu ordnen können, indem Sie lernen, nicht mehr zu allem ja zu sagen.** Sie lernen, keine Zeit, Energie und/oder Geld mehr für Dinge zu verschwenden, die Sie weder glücklich machen noch Ihr Leben verbessern (Frust). Damit werden Sie wieder mehr Zeit, Energie und/oder Geld für das gewinnen, was Ihnen wirklich wichtig ist (Lust).

Ich nenne diese Methode die NotSorry-Methode. Sie besteht aus zwei Schritten:

1. Finden Sie heraus, wozu Sie nicht länger ja sagen wollen.
2. Hören Sie auf, zu diesen Dingen ja zu sagen, und scheißen Sie fortan aus großer Höhe darauf.

Am Ende des Prozesses sollte sich dann genau dieses Gefühl einstellen: Not sorry! Es tut Ihnen *nicht* leid.

Meine Methode ist sehr einfach – und dieses Buch gibt Ihnen die nötigen Werkzeuge an die Hand, um sie zu erlernen und damit Ihr Alltagsleben radikal zum Positiven zu verändern. **Sobald Sie sich die NotSorry-Methode zu eigen machen, werden Sie sich nie wieder gezwungen fühlen, ja zu etwas zu sagen, das Ihnen in Wahrheit am Arsch vorbeigeht.**

DIE MAGIE DES
NEIN-SAGENS

Anhand dieses Buches werden Sie lernen:
- warum die Abhängigkeit von den Meinungen anderer Ihr schlimmster Feind ist – und wie Sie davon loskommen.
- wie Sie Ihre Jas in Kategorien einteilen, um Frust- und Lustfaktoren leichter identifizieren zu können.
- wie Sie mit Hilfe einfacher Entscheidungskriterien herausfinden, ob Sie zu einer bestimmten Sache ja sagen sollten oder nicht (etwa: »Sind noch andere von meiner Entscheidung betroffen?«).
- die Schlüsselkompetenzen des Nein-Sagens zu meistern, *ohne* dabei zum Arschloch zu werden.
- wie wichtig es ist, ein Ja-Budget aufzustellen (und es auch einzuhalten).
- wie die Kunst, seltener und bewusster ja zu sagen, Ihr Leben verändern kann.
- und noch ganz viel mehr!

Denken Sie nur daran, wie viel schöner Ihr Leben wäre, wenn Sie zu den Dingen, auf die Sie eigentlich einen feuchten Dreck geben, nein sagen könnten und mehr Zeit, Energie und Geld hätten, zu den Dingen, die Ihnen wirklich am Herzen liegen, ja zu sagen.

Ein Beispiel: Seit ich davon abgekommen bin, mich jedes Mal zu schminken, bevor ich in den Supermarkt gehe, habe ich zehn Minuten mehr Zeit, in denen ich entspannt auf der Couch sitzen und die *Us Weekly* lesen kann, die ich zuvor in selbigem Supermarkt gekauft habe.

Noch eins gefällig? Seitdem ich nicht länger auf Baby-Partys gehe – Veranstaltungen, bei denen ich das kalte Grausen kriege –, stehen mir ungezählte Sonntagnachmittage zur freien Verfügung! Und was fange ich mit so einem Sonntagnachmittag an? Nun, zuerst mal gieße ich mir einen doppelten Patrón Tequila ein; dann trennen mich nur noch wenige Mausklicks von giggle.com, wo ich eine blitzblanke, nigelnagelneue Milchpumpe für die werdende Mutter, meine alte Zimmergenossin vom College, bestelle. Danach erhebe ich mein Glas und trinke auf ihre Brüste, mit denen sie 1998 während des Spring Break in Cabo Wabo den Wet-T-Shirt-Contest gewann. Auf Nimmerwiedersehen, ihr zwei Hübschen!

Zehn Minuten im Internet – oder stundenlang Windeltorten, alberne Spiele und alkoholfreie Bowle? Für mich liegt die Entscheidung auf der Hand. Für Sie wiederum könnten Baby-Partys durchaus eine lohnenswerte Sache sein. Bei Ihnen sorgen vielleicht die sonntäglichen Garagenflohmarktbesuche im Schlepptau Ihrer schnäppchenjagenden besseren Hälfte für Frust. Die Details sind letzten Endes unerheblich. Was zählt, ist: Wenn Sie meiner Not-Sorry-Methode folgen, wird Ihre Seele leichter, Ihr Kalender übersichtlicher, und Sie werden Ihre Zeit und Kraft nur noch auf solche Dinge und Menschen verwenden, auf die Sie wirklich Lust haben.

Es wird Ihr Leben verändern. Ich schwöre es.

I.

ÜBER DAS
JA-
UND DAS
NEIN-
SAGEN

Stellen Sie sich folgende Fragen: *Bin ich gestresst? An der Grenze meiner Belastbarkeit? Enttäuscht vom Leben?*

Wenn Sie eine dieser drei Fragen mit »Ja« beantwortet haben, halten Sie einen Moment lang inne und überlegen Sie: *Warum ist das so?*

Ich gehe jede Wette ein, dass die Antwort lautet: Weil Sie zu allem und jedem ja sagen. Oder präziser: Weil Sie glauben, zu allem und jedem ja sagen zu *müssen.*

Ich bin hier, um Ihnen zu helfen.

Im Verlauf dieses Buches werden Sie feststellen, dass ich die Formulierung *ja sagen* auf zweierlei Weise verwende.

- Da wäre zum einen die wörtliche, alltagssprachliche Verwendung im Sinne von: *etwas bejahen* bzw. *sich zu etwas bereit erklären,* die für Schritt 1 meiner Methode wichtig ist (herausfinden, wozu Sie nicht länger ja sagen wollen).

- Dann wäre da noch eine leicht abgewandelte Bedeutung: Wenn man zu einer Sache oder Person ja sagt, bedeutet das, dass man Zeit, Energie und/oder Geld in sie investiert. Das wiederum steht im Zusammenhang mit Schritt 2 (aufhören, zu diesen Dingen ja zu sagen, und fortan aus großer Höhe darauf scheißen).

In beiden Fällen gibt es nur einen Weg, Ihr Leben zum Positiven zu verändern, und der besteht darin, damit aufzuhören, ständig zu allem ja zu sagen. Meine NotSorry-Methode minimiert die Zeit, Energie und Geldmittel, die Sie für unnütze Dinge und lästige Menschen aufwenden. Geben Sie es zu: Sie wissen genau, wovon ich rede.

Das muss nicht so weitergehen. Also. Legen wir los, ja?

WARUM SOLLTE ICH ZU ETWAS JA SAGEN?

Das ist eine der grundlegenden Fragen des Lebens überhaupt. Wenigstens sollte sie es sein.

Statt blindlings *ja, JA, JA!!!* zu sagen, wann immer Menschen oder Dinge Ihre Zeit, Energie und/oder Ihr Geld beanspruchen (was im Übrigen den Kauf und die Lektüre dieses Buches mit einschließt), ist das Erste, worüber Sie nachdenken sollten, bevor Sie dieses schmutzige kleine Wort mit den zwei Buchstaben in den Mund nehmen: *Will ich das wirklich?*

Vielleicht ist es Ihnen gar nicht bewusst, aber die Ihnen zur Verfügung stehenden Jas sind begrenzt und daher ein kostbares Gut. Wenn Sie zu oft oder zu den falschen Dingen ja sagen, ist Ihr Vorrat schnell verbraucht. Die Folgen sind innere Zerrissenheit, Stress und Verzweiflung. Das ist nicht gut! Später werden Sie lernen, ein Ja-Budget aufzustellen, das Ihnen dabei hilft, zukünftig klare Prioritäten zu setzen und nicht länger zu den falschen Dingen ja zu sagen.

Doch bevor wir dazu kommen, worauf Sie scheißen können, sollten wir uns darüber unterhalten, zu welchen Dingen man ja sagen *sollte*.

Sie sollten zu etwas ja sagen, wenn es – sei es menschlicher, unbelebter oder ideeller Natur – keinen Frust, sondern Lust bringt. Manchmal ist diese Überlegung einfach und die Entscheidung glasklar. Hurra! Sehr aufregend. Aber meistens – und das ist der Grund, weshalb Sie die NotSorry-Methode brauchen – nehmen Sie sich gar nicht die nötige Zeit zum Überlegen, oder aber Sie stellen die falschen Überlegungen an.

Die meisten Menschen sagen ja, ohne groß nachzudenken. Schuldgefühle, Pflichtbewusstsein oder Angst sorgen dafür, dass sie ein Verhalten entwickeln, das zwar von anderen als wenig kritikwürdig oder anstößig empfunden wird, sich aber oft nachteilig auf ihr eigenes Lust-Frust-Gleichgewicht auswirkt.

Ein solches Verhalten ist, sofern Sie das bestmögliche Leben leben wollen, irrational und kontraproduktiv. (Wenn Sie das *nicht* wollen, sollten Sie jetzt das Lesen einstellen.)

Folgende Frage: **Möchten Sie sich nicht lieber stark, großzügig und frei fühlen statt ängstlich, schuldbewusst und fremdgesteuert?** Sie wären gewissermaßen wie der Weihnachtsmann, nur dass Sie keinen Sack voller Spielzeuge dabeihaben, sondern einen Sack voller Jas, die Sie nur an die Jungen und Mädchen verteilen, die sie wirklich verdient haben.

Also hören Sie auf, immer sofort ja zu sagen, um andere zufriedenzustellen, und nehmen Sie sich stattdessen einen Augenblick Zeit, **um sich zu fragen, ob Sie überhaupt ja sagen *wollen*: ob Ihnen die betreffende Sache oder Person so wichtig ist, dass Sie eins der Jas aus Ihrem begrenzten Vorrat dafür ausgeben möchten.**

Erst wenn wir diese Frage ehrlich beantwortet haben, können wir uns den Menschen und Dingen, Aufgaben und Aktivitäten, Ideen und Projekten zuwenden, die uns wenig Frust, dafür umso mehr Lust schenken.

Im Grunde ist das Leben doch eine Kette von Ja- oder

Nein-Entscheidungen: Dinge, die einem wichtig sind, und Dinge, auf die man scheißt. Wenn Sie Ihren gegenwärtigen Kurs des ewigen Ja-Sagens beibehalten, werden Sie am Ende des Tages, der Woche, des Monats ... irgendwann ... keine Jas mehr übrig haben – und feststellen, dass Ihre ganze Ja-Sagerei allen möglichen Personen zugutegekommen ist, nur nicht IHNEN SELBST.

Die NotSorry-Methode ändert das.

Es ist Zeit, den Fluch zu brechen, den Spieß umzudrehen und etwas für Ihren Ja-Vorrat zu tun.

NEIN-SAGEN:
DIE GRUNDLAGEN

Nicht immer gleich ja zu sagen heißt, sich zuallererst um sich selbst zu kümmern – so wie man im Flugzeug zuerst die eigene Sauerstoffmaske anlegen soll, bevor man anderen hilft.

Nicht immer gleich ja zu sagen heißt, sich zu erlauben, auf Dinge zu scheißen. Zu sagen: »Ich will das nicht.« – »Ich habe keine Zeit.« – »Ich kann es mir nicht leisten.«

Nicht immer gleich ja zu sagen heißt im Wesentlichen: sich selbst von der Angst und den Schuldgefühlen freizumachen, die ein Nein mit sich bringt. Das ermöglicht Ihnen, nicht länger Zeit, die Sie nicht haben, mit Leuten zu verbringen, die Sie nicht mögen, um Dinge zu tun, auf die Sie keine Lust haben.

Nicht immer gleich ja zu sagen heißt, Ihr mentales Gerümpel zu reduzieren und störende Menschen und

Dinge aus Ihrem Leben zu entfernen. Dadurch werden neue Räume und Kräfte frei, um endlich zu all den Dingen, die Ihnen Freude bereiten, wieder *bewusst* ja zu sagen.

Das mag egoistisch klingen, und das ist es auch. Aber es schafft Verbesserungen, und zwar für *alle* in Ihrem Umfeld.

Sie werden aufhören, sich Sorgen um die vielen Dinge zu machen, die Sie tun *müssen*, und sich stattdessen auf die Dinge besinnen, die Sie tun *wollen*. Auf der Arbeit werden Sie zufriedener und ausgeglichener sein – davon profitieren Kollegen wie Kunden. Ihre Freunde werden Sie als entspannter und zugewandter erleben. Vielleicht werden Sie mehr Zeit mit Ihrer Familie verbringen – oder vielleicht auch weniger, was die Momente des Zusammenseins umso kostbarer macht.

In jedem Fall werden Sie mehr Zeit, Energie und/oder Geld haben, um Ihr ganz persönliches bestmögliches Leben zu leben. Die Menschen, die die lebensverändernde Magie des Nein-Sagens für sich entdecken, können NUR GEWINNEN.

Und Sie wollen doch einer dieser Menschen sein, nicht wahr?

WER SIND DIESE UNS ALLENFALLS AUS LEGENDEN BEKANNTEN MENSCHEN, DIE SELTEN JA SAGEN UND UMSO HÄUFIGER AUF DINGE SCHEISSEN?

Nach meiner Erfahrung fallen diese Personen in eine von drei Kategorien:

- Kinder
- Arschlöcher
- Erleuchtete

KINDER

Kinder haben es leicht. Sie scheißen auf vieles, einfach weil sie es *können*. Für gewöhnlich kümmern sich die Erwachsenen darum, dass ihre alltäglichen Bedürfnisse befriedigt werden. Und selbst wenn nicht, merken Kinder kaum den Unterschied. Überlegen Sie mal: Wenn jemand immer Ihre Wäsche macht, würde es Sie dann interessieren, ob Sie sich Süßkartoffeln auf die Hose kleckern oder den Joghurtbecher über dem Kopf ausschütten? Nein, würde es nicht. Wenn Sie nur aus vollem Halse brüllen müssten, und schon bekämen Sie ein Glas Wasser oder ein neues Spielzeug, würde es Sie dann einen feuchten Dreck interessieren, wo das alte Wasserglas hingekommen ist oder dass Sie Ihren Kitzel-mich-Elmo in der Toilette ersäuft haben? Natürlich nicht! Und wenn Ihre feinmotorischen Fähigkeiten nicht voll ausgebildet wären, hätten Sie dann ein gesteigertes

Interesse daran, sich selbst die Schuhe zuzubinden? Im Leben nicht!

Einer der Gründe, weshalb Kinder auf so viele Dinge einen Scheiß geben, ist, dass sie so wenig Lebenserfahrung haben. In ihrem Kopf ist es noch sauber und ordentlich, weil der ganze Mist der Welt noch nicht über ihnen ausgekippt wurde. Bei ihnen *gibt* es nichts zu entrümpeln, mental gesprochen.

Was das angeht, haben Kinder wirklich Schwein.

Aber das Leben ist nicht fair, und niemand kann ewig Kind bleiben. An einem gewissen Punkt müssen wir alle in den sauren Apfel beißen und uns von Schuhen mit Klettverschluss verabschieden. Trotzdem können Sie den Weg zurück zu diesem magischen Zustand der Balance finden, in dem die Bürde des Erwachsenseins von Ihnen abfällt. Alles, was Sie tun müssen, ist, die kindliche Begeisterung für das Nein-Sagen neu zu entdecken.

ARSCHLÖCHER

Als Nächstes wären da die Arschlöcher. Arschlöcher scheißen auf fast alles, weil sie genetisch darauf gepolt sind, immer das zu bekommen, was sie wollen, egal, wen sie dabei verletzen, in den Dreck trampeln oder im wahrsten Sinne des Wortes: bescheißen. (Übrigens: Es gibt auch Kinder, die Arschlöcher sind, was jedoch für unsere Zwecke nicht weiter von Belang ist.)

Anders als mein Kumpel Jeff werden diese Menschen nicht von ihren Mitmenschen gemocht oder respektiert. Man fürchtet sie allenfalls; mögen tut man sie nicht.

Wenn es Ihnen wichtig ist, gemocht zu werden, sollten

**10 Dinge, die Arschlöchern
scheißegal sind**

1. die persönlichen Grenzen anderer
2. wenn andere ihretwegen warten
   müssen
3. ob sie sich im Ruhewagen des
   Zuges zu laut unterhalten
4. dass sie ihren Müll herumliegen
   lassen
5. angemessene Trinkgelder
6. ob sie unangenehme Gerüche in
   geschlossenen Räumen verur-
   sachen
7. dass man beim Abbiegen den
   Blinker setzen sollte
8. ob sie den Fahrstuhl blockieren
9. die Haufen Ihrer Hunde
10. wenn man sie für Arschlöcher hält

Sie folglich nicht den Weg des Arschlochs einschlagen. Sicher, so schaufeln Sie sich vielleicht ein paar Abende in der Woche frei, aber das liegt dann nicht daran, dass Sie ein aufgeklärter Ja-Sager sind, sondern dass kein Schwein Sie mehr einladen will.

Nein, bei meiner Methode geht es darum, Ihnen zu zeigen, wie Sie alles bekommen, was Sie wollen – und nichts, was Sie nicht wollen –, und dabei trotzdem sympathisch bleiben. Was mich zur dritten Kategorie führt ...

ERLEUCHTETE

Ganz richtig. Sie können Erleuchtung erlangen, ohne zu einem Arschloch zu werden. Es ist möglich, den kindlichen Zustand des Nein-Sagens zu erreichen, jedoch gepaart mit der Fähigkeit zur Selbstreflexion, an der es Kindern fehlt.

Es gibt eine lange Liste von Dingen, die mir nach wie vor wichtig sind (Pünktlichkeit, acht Stunden Schlaf pro Nacht, nach handwerklicher Tradition hergestellte Pizza), und relativ weit oben auf dieser Liste steht Höflichkeit. Ehrlichkeit ist wichtig, aber Höflichkeit auch.

Wenn Sie zum Beispiel jemand sind, der seinen Freunden als Dankeschön für ein Wochenende in ihrem Haus am See eine handgeschriebene Karte schickt, dann werden diese Freunde höchstwahrscheinlich nicht gekränkt sein, wenn Sie ihre nächste Einladung ... zu einem gemeinsamen Besuch auf dem Mittelaltermarkt ... ausschlagen. Hier reicht der gesunde Menschenverstand aus: Sie mögen Wochenenden am See und verabscheuen Mittelaltermärkte? Seien Sie kein Arschloch, schreiben Sie eine Karte. Eine Win-win-Situation!

WIE KANN ICH ZUM KREIS DIESER MENSCHEN GEHÖREN?

Not Sorry ist so konzipiert, dass es Ihnen hilft, ein Stadium des erleuchteten Ja-Sagens zu erlangen, **ohne dabei all die Fehler zu machen, die ich gemacht habe.**

Ich begleite Sie bei jedem Schritt, helfe Ihnen bei der Inventur all der Dinge, zu denen Sie bisher ja gesagt haben, und zeige Ihnen dann, anhand welcher Kriterien Sie abwägen können, ob Sie dazu auch künftig ja sagen sollten, und – falls nicht – wie Sie nein sagen, ohne dabei zum Arschloch zu werden.

Mein eigener Weg zu einem deutlich Ja-ärmeren Leben verlief nicht ohne Hindernisse. Anfangs war mein Vorgehen noch ziemlich unsystematisch. Gerade im Familien- und Freundeskreis versuchte ich radikal aufzuräumen, und das war nicht ganz ohne. Zum Beispiel sagte ich die Einladung zu einer Brit Mila (dabei wird die Entfernung einer Vorhaut gefeiert) ab, noch bevor sie überhaupt ausgesprochen worden war. Ich war so heiß darauf, endlich einen feuchten Kehricht auf religiösen Schnickschnack zu geben, dass ich dabei ganz die Gefühle meiner Freunde außer Acht ließ – obwohl diese mir nach wie vor sehr wichtig waren. Genau in dem Augenblick, als ich die E-Mail mit dem Text *Nur zu Eurer Info, ich halte nichts von Beschneidungsritualen* an meinen Freund schickte, lag dessen Frau mit ihrem ersten Sohn in den Presswehen. Oh Mann! Das tut mir heute noch wahnsinnig leid.

Danach arbeitete ich daran, meinen Ansatz zu verfeinern.

Der Kern der NotSorry-Methode ist das Prinzip »Sei kein Arschloch«. Schließlich wollte ich nicht meine Freunde vergraulen; ich wollte lediglich meine Zeit klüger einteilen, damit mir die Stunden, die ich dann tatsächlich mit meinen Freunden verbrachte, mehr Freude und weniger Frust schenkten.

Ich stellte fest, dass eine Kombination aus Ehrlichkeit und Höflichkeit (wobei mal die eine, mal die andere Komponente überwiegt, abhängig davon, wonach die Situation verlangt – siehe das Thema »unglückliches Timing bei Beschneidungsfeier-Absage-Mails«) den reibungslosesten Weg zu reduziertem, selbstbestimmterem Ja-Sagen darstellt. **Doch der fundamentale, wegbereitende Schritt, bevor Sie meine NotSorry-Methode anwenden** – bevor wir auch nur über Schritt 1 (herausfinden, wozu Sie nicht länger ja sagen wollen) nachdenken können oder darüber, was es heißt, ehrlich und höflich zu sein –, ist folgender: **Sie müssen aufhören, sich darum zu scheren, was andere Leute denken.**

Es lohnt sich, diesen Punkt eingehender zu betrachten.

Ehrlichkeit und Höflichkeit: ein dynamisches Duo

Wenn Sie beim Nein-Sagen im Geiste der NotSorry-Methode Spitzenwerte erreichen wollen, reicht Ehrlichkeit allein nicht aus – und Höflichkeit allein ebenso wenig. Man kann sehr ehrlich sein, aber zugleich auch sehr unhöflich, und damit erreicht man am Ende nichts, außer dass man sich bei jemandem entschuldigen muss. Oder man kann ungemein höflich und zugleich ein himmelschreiender Lügner sein. Kleine Notlügen sind sicher nicht weiter tragisch, aber wenn man Sie bei einer monstermäßigen Lüge erwischt, wird Ihnen das garantiert leidtun, und das wiederum würde den Sinn und Zweck der NotSorry-Methode komplett ad absurdum führen. Das Geheimnis ist das perfekte Zusammenspiel der beiden. Denken Sie an Siegfried und Roy, Simon und Garfunkel oder Batman und Robin. Zusammen können sie zaubern, treffen immer den richtigen Ton und retten die Welt. Sie ergänzen einander perfekt, auch wenn einer der beiden hin und wieder etwas mehr im Vordergrund steht und der andere von einem Tiger zerfleischt wird.

SIE MÜSSEN AUFHÖREN, SICH DARUM ZU SCHEREN, WAS ANDERE LEUTE DENKEN

Stellen wir uns vor, dass die NotSorry-Methode der Schlüssel ist, der Ihnen die Tür zum Haus der lebensverändernden Magie aufschließt. Wenn man den Vergleich weiterspinnt, könnte man sagen, dass Sie ja überhaupt erst einmal aufs Grundstück gelangen müssen. Und das tun Sie, indem Sie lernen, auf die Meinung anderer Leute zu scheißen. Ansonsten paddeln Sie die ganze Zeit nur hilflos im Burggraben herum, der das Schloss der Erleuchtung umgibt, und verschwenden Ihre gesamte Energie darauf, den Kopf über Wasser zu halten und die hungrigen Krokodile abzuwehren.

Auf die Meinung anderer zu scheißen ebnet Ihnen den Weg zu Schritt 1 der NotSorry-Methode (herausfinden, wozu Sie nicht länger ja sagen wollen). Erst danach können Sie Ihre Ziele auf positive, konstruktive Weise formulieren und zu Schritt 2 übergehen (wirklich auf diese Dinge zu scheißen). *Und* Sie können es tun, ohne jemanden zu kränken oder zu verärgern! (Es sei denn, Sie *wollen* jemanden kränken oder verärgern, was manchmal ja auch Spaß machen kann.)

Aber immer der Reihe nach.

Bitte glauben Sie mir, wenn ich Ihnen sage, dass die Scham und Schuldgefühle, die Sie empfinden, wenn Sie versuchen, zu etwas nein zu sagen, in der Regel nichts damit zu tun haben, dass es *falsch* wäre, was Sie da tun. Sie haben einfach Angst, was andere Menschen über Ihre Entscheidungen denken könnten.

Und wissen Sie was? **Sie haben keinerlei Einfluss darauf, was andere Leute denken.**

Um Himmels willen, es ist doch schon schwierig genug, herauszufinden, was man *selber* denkt! Zu glauben, dass Sie Kontrolle darüber haben könnten, was *andere* denken – und Ihre Energie auf das Erlangen dieser Kontrolle zu verschwenden –, ist absolut zwecklos. Sie werden auf ganzer Linie scheitern.

Wenn es um die Frage geht, inwieweit Ihr Nein-Sagen Auswirkungen auf andere Menschen hat, ist das Einzige, was Sie kontrollieren können, Ihr eigenes Verhalten in Bezug auf die *Gefühle* besagter Menschen,

nicht aber ihre *Meinungen.* Dies sind zwei unterschiedliche Komponenten dessen, was andere Menschen von Ihnen halten. Ich werde sie in Kürze eingehender beschreiben; fürs Erste jedoch werden wir uns meine NotSorry-Methode in Aktion anschauen: auf Dinge scheißen, die man kontrollieren bzw. nicht kontrollieren kann.

Als ich mich mit dem Gedanken herumtrug, meine Stelle im Verlag zu kündigen und fortan als Freischaffende zu arbeiten, machte ich mir sehr viele Gedanken über sämtliche Aspekte meiner Entscheidung – vor allem darüber, dass ich meine »Karriere« aufgeben und was dies für meinen Kontostand bedeuten würde. Doch zugleich war ich regelrecht zerfressen von der Sorge, was andere (Freunde, Familie, Chef, Kollegen) zu meiner Entscheidung sagen würden. *Ist sie faul? Launenhaft? Ist sie so reich, dass sie es nicht mehr nötig hat zu arbeiten? Kümmert es sie denn gar nicht, dass wir anderen mehr Arbeit haben, wenn sie weg ist?*

Als inzwischen geübte NotSorry-Expertin kann ich diese Gefühle auseinanderdividieren und gesondert voneinander betrachten.

1. Ich habe gerne gearbeitet – ich wollte bloß nicht länger *diese* Arbeit machen. Wenn die Leute mich für faul halten, ist das verdammt noch mal ihr Problem.

2. Ich habe lange und gründlich über meine Entscheidung nachgedacht, und selbst wenn nicht: Das geht niemanden etwas an.

3. Und: Nein, ich habe nicht im Lotto gewonnen. (Aber Scheiße, wenn Ihnen das passieren würde, würden Sie auch kündigen, machen Sie sich nichts vor.)

Rückblickend waren das die kleinen Sorgen. Die große Sorge war, ob ich, indem ich meine Stelle aufgab, zeitweise das

Leben anderer auf den Kopf stellen würde und ob diese anderen deshalb verärgert sein und mir Vorwürfe machen würden.

Hey, ich hab eine Idee! Spielen wir doch eine Runde *Stadt, Land, nicht mein Problem*!

Ich musste erst lernen, einen Scheiß auf Dinge zu geben, die ohnehin nicht meiner Kontrolle unterlagen (beispielsweise: Wie lange würde es dauern, bis mein Arbeitgeber Ersatz für mich gefunden hatte?) und mich auf das konzentrieren, was ich kontrollieren *konnte* (beispielsweise: Ich musste jetzt nicht mehr um sieben Uhr aufstehen und meinem selig schlummernden Ehemann sowie dem herrlichen Parkblick den Rücken kehren, um fünfundvierzig Minuten lang in einer unterirdischen Körpergeruchs-Fabrik zu einem Arbeitsplatz zu fahren, an dem ich mich nicht wohl fühlte).

Überhaupt rückten nun andere Dinge in den Fokus meiner Aufmerksamkeit: »Woher bekomme ich meinen nächsten Auftrag?«, oder: »Wann muss ich meine Website aktualisieren?« Aber mit diesen Dingen befasse ich mich gerne, denn als Freischaffende habe ich mehr Schlaf, mehr Zeit für meinen Mann, und mein morgendlicher Weg zum Arbeitsplatz beträgt nur noch etwa zehn Meter: von meinem Bett bis zu meiner Couch.

Es ist also ein großer Unterschied, ob einem etwas wichtig ist oder ob einem wichtig ist, was andere über die Dinge, die einem wichtig sind, denken. Sobald ich das erkannt hatte, ergab sich der Rest fast von selbst.

GEFÜHLE VS. MEINUNGEN

Gut möglich, dass Sie jetzt gerade hyperventilieren. Das ist keine Schande. Vielleicht denken Sie auch: *Ich kann unmöglich aufhören, mir Gedanken über die Meinungen anderer Leute zu machen. Das ist Teil meiner DNA!*

Falls dem so ist, hören Sie genau zu, was ich jetzt sage: Ihre DNA hat Sie vielleicht so weit gebracht. Um Ihr bestmögliches Leben zu leben, müssen Sie sich jetzt ins System hacken.

Es gibt zwei Gründe, weshalb es einem nicht egal ist, was andere denken: erstens, weil man kein schlechter Mensch *sein* will; zweitens, weil man nicht wie ein schlechter Mensch *erscheinen* will.

Selbstverständlich sollten Sie weiterhin Wert darauf legen, was andere Leute denken, wenn es um deren *Gefühle* geht. (Stellen Sie sich die Frage »Verletze ich diese Gefühle, indem ich auf etwas Bestimmtes scheiße?«. Aber mal ehrlich – Sie wissen ganz genau, wann Sie die Gefühle eines Menschen verletzen. Seien Sie einfach kein Arschloch.)

Was ich damit sagen will, ist dies: Sie können einen Scheiß auf das geben, was andere denken, sofern es sich um ihre *Meinungen* handelt. Sie können lernen, in der **Sprache der Meinungen** zu sprechen, und werden feststellen, dass das überaus wirkungsvoll ist. Die Sprache der Meinungen ist ehrlich, höflich und extrem entwaffnend! Sie werden weder ein Arschloch *sein* noch anderen wie ein Arschloch *vorkommen*. Und dann können Sie aufhören, sich darum zu scheren, was andere denken.

Verstanden?

Noch nicht?

Also gut, betrachten wir es so: **Als Menschen haben wir jedes Recht, den Meinungen anderer höflich zu widersprechen oder sie einfach nicht zu teilen.** Das ist eine rein passive Haltung; sie tut niemandem weh und ist nicht offensiv. Mögen Sie Bio-Erdnussbutter? Toll! Ich nicht. Ich finde das Zeug klebrig und ekelhaft. Na und? Jeder nach seiner Fasson.

Aber nehmen wir mal an, Sie sind ein Freund von mir, der selbstgemachte Bio-Erdnussbutter verkauft und mich ständig zu irgendwelchen »Erdnussbutter-Partys« einlädt, bei denen sich kleine, mit bräunlichem Schleim gefüllte Gläser auf dem Küchentisch türmen und ich mich verpflichtet fühle, um des lieben Friedens willen einige dieser Gläser käuflich zu erwerben.

Dies ist ein entscheidender Moment. Ich befinde mich sozusagen am Scheideweg. Wenn ich auf Bio-Erdnussbutter scheiße, warum um alles in der Welt sollte ich dann mein sauer verdientes Geld dafür ausgeben? Ich kann Ihnen sagen, warum: Weil ich mir gerade eben bildlich vorgestellt habe, wie ich zu Ihnen sage: »Bleib mir bloß mit diesem Hippie-Dreck vom Leib, du Freak!« – was Ihre Gefühle tief verletzen würde. Und weil ich Ihre Gefühle nicht verletzen *will*, drücke ich Ihnen eben zwanzig Dollar in die Hand und bekomme dafür 225 Gramm klebriges Zeug, das aussieht, als hätte es ein kranker Elefant wiedergekäut und in ein Schraubglas gekotzt?

Nein, nein, nein!

Stattdessen muss ich Ihnen – ehrlich und höflich – erklären, dass ich mir nichts aus Bio-Erdnussbutter mache. Womit ich gleich deutlich mache, dass ich an diesem Abend kein Glas kaufen werde. Und auch nicht an einem der darauffolgenden Abende.

Verstehen Sie, worauf ich hinauswill? Ihre *Gefühle* sind mir wichtig, denn Sie sind mein Freund (selbst wenn Sie jedem Ihre widerliche Erdnussbutter andrehen wollen), aber auf Ihre *Meinung* bezüglich meiner Abneigung gegen Bio-Erdnussbutter kann ich getrost scheißen. Wenn Sie finden, dass ich dumm und leichtsinnig bin, weil ich, indem ich mir lieber gehärtete Pflanzenöle in Form konventioneller Erdnussbutter aufs Brot schmiere, meine Arterien mit Trans-Fetten verstopfe, dann juckt mich das nicht weiter. Schließlich sind es meine Arterien.

Wenn ich also einen Scheiß auf Ihre Bio-Erdnussbutter gebe, dann ausschließlich auf der *Meinungs*ebene.

Sie können das Risiko verletzter Gefühle komplett umgehen, wenn Sie einen Konflikt durch den Filter schlichter, emotionsloser Meinung betrachten.

Bei NotSorry dreht sich *alles* um emotionslose Meinungen. Dennoch führen viele Wege nach Rom! Und wenn eine Meinungsverschiedenheit zwischen Ihnen und einem Freund Differenzen in Ihren jeweiligen *Grundwerten* widerspiegelt, ist es möglicherweise ratsam, mit etwas weniger Ehrlichkeit und einer Extraprise Höflichkeit an die Sache heranzugehen. Zu sagen, dass man nicht an die gesundheitlichen Vorteile von Bio-Nusscremes glaubt, ist ein bisschen anders, als zu sagen, dass man nicht an das Recht der Frau auf Abtreibung oder das der Palästinenser auf einen eigenen Staat glaubt.

Wenn Sie sich also in einer Situation wiederfinden, in der Sie auf eine bestimmte Sache scheißen, sich aber deshalb nicht prügeln oder auf der Flugverbotsliste der Luftfahrtsicherheit landen wollen, sollten Sie sich auf das

Konzept der »Meinungsverschiedenheit« berufen und das Thema fallenlassen.

Ein Beispiel: Stellen wir uns vor, Sie sind Eltern, und alle Menschen in Ihrem Umfeld haben eine Meinung dazu, wie Sie Ihr Kind erziehen. Wahrscheinlich haben *Sie* auch eine Meinung dazu, wie *andere* Leute ihre Kinder erziehen – mit dem Unterschied, dass Sie Ihre Meinung nicht in die Welt hinausposaunen. Kindererziehung ist immer harte Arbeit, und Eltern lieben ihre Kinder bedingungslos. Es kostet einfach zu viel Energie, im Angesicht der niemals enden wollenden Flut ungebetener Ratschläge, die in der Regel eng mit den Werten und daher Gefühlen der Ratschlagenden verknüpft sind, sicher auf dem schmalen Grat zwischen gutmütiger Akzeptanz und gerechter Empörung zu balancieren.

Sagen wir, Sie sind eines Tages auf dem Spielplatz, und das Thema Familienbett kommt zur Sprache. Sie stehen auf einer Seite der Debatte (auf welcher, ist irrelevant!), und eine zweite Mutter, nennen wir sie Stacey, steht auf der anderen. Sie wollen nicht, dass Stacey Sie für eine schlechte Mutter hält, nur weil Sie ihr in der Frage, wie lange man einem Kind erlauben sollte, bei seinen Eltern im Bett zu schlafen und Mami und Papi daran zu hindern, ihren ehelichen Geschäften nachzugehen, nicht zustimmen. Und natürlich wollen Sie Stacey auf keinen Fall durch Ihren Widerspruch zu nahe treten – sonst trottet Ihr Spross bald mit einem scharlachroten A für »Arschlochkind« auf der Jacke, traurig und von allen Altersgenossen geschnitten, über den Spielplatz.

Bis heute hätten Sie sich vermutlich ein Lächeln ins Gesicht gepappt und Stacey zugestimmt. Vielleicht hätten Sie sogar zwanzig Minuten lang schicksalsergeben zugehört, während Stacey sich darüber ereifert, was einige Eltern sich eigentlich *erlauben*, nicht alles *so* zu machen, wie *sie* es für richtig hält. Ein solcher Akt des Hinnehmens – ganz zu schweigen von zwanzig Minuten verschwendeter Zeit und Lebenskraft – frisst Sie von innen auf wie ein Termitenschwarm einen alten Baumstamm. Sie brauchen eine Portion lebensverändernde Magie, und zwar pronto!

Wenn Sie das nächste Mal in eine solche Situation geraten, dann blicken Sie Stacey ruhig ins Gesicht, zucken Sie mit den Schultern und sagen Sie: »Ja, ja, bei dem Thema gehen die Meinungen auseinander.« Sodann lenken Sie das Gespräch auf etwas Unverfängliches, z.B. die Frage, ob George Clooney im Alter immer attraktiver wird. (Wird er nicht. Spitzenwerte Clooney'scher Attraktivität wurden während seiner Zeit in der Serie *Facts of Life* in den 80ern gemessen.) Damit haben Sie angedeutet, dass Staceys Meinung nicht die einzige ist, aber Sie haben keine Energie darauf verschwendet, sie entweder zu akzeptieren oder ihr zu widersprechen. Sie haben weder Staceys Grundwerte angegriffen noch ihre Gefühle verletzt, ergo sind Sie kein Arschloch, und Sie wirken auch nicht wie eins. Sie waren ehrlich und höflich, und Sie können mit der guten Gewissheit nach Hause gehen, dass Sie erfolgreich auf Staceys Meinung geschissen haben, ohne dass sie Ihnen deswegen einen Vorwurf machen könnte.

Und was sagen Sie? NOT SORRY.

Über das Phänomen *Sorry*

In unserer Gesellschaft steht »Sorry!« für so ziemlich alles von »Es tut mir nicht wirklich leid, ich sage das nur, damit du dich nicht über das aufregst, was ich gerade getan habe/gleich tun werde« bis hin zu einem verzweifelten »Oh Gott, was habe ich bloß angerichtet???«.

Ich will keine Geschlechterunterschiede herbeiphantasieren, doch es sind vor allem Frauen, die das Wort »Sorry« viel zu häufig in den Mund nehmen, um sich – oftmals vorbeugend – wegen potentieller Kränkungen auf der Arbeit, unter Freunden oder in der Beziehung zu entschuldigen.

Wenn Sie sich wirklich mies verhalten haben, sollte es Ihnen leidtun, und das sollten Sie auch so sagen. Und wenn Sie im Begriff sind, sich mies zu verhalten, und glauben, ein flüchtiges »Sorry!« könnte daran etwas ändern, irren Sie sich. In dem Fall sollten Sie lieber aufhören, ein Arschloch zu sein.

Aber wenn Sie nichts getan haben, was Ihnen leidtun müsste, können Sie a) Ihr »Sorry« für sich behalten und b) überhaupt aufhören, mit Entschuldigungen um sich zu werfen!

Mit anderen Worten: Bei der NotSorry-Methode ist der Name Programm. Wenn Sie ihr folgen, werden Sie dazu ermutigt und befähigt, sich so zu verhalten, dass das Wort »Sorry!« in Ihrem Leben schon bald der Vergangenheit angehören wird.

Zur Wiederholung: **Wenn Ihr Verhalten Auswirkung auf eine andere Person hat** (etwa wenn Sie sich weigern, die hausgemachte Bio-Erdnussbutter eines Freundes zu kaufen, oder wenn Sie die Erziehungsmethoden fremder Eltern beurteilen), seien Sie dabei ehrlich und höflich, und versuchen Sie Ihr Verhalten als Ausdruck einer bloßen

Meinungsverschiedenheit zu deklarieren. Dann wird es in 99 Prozent aller Fälle keine Probleme geben.

Wenn die Angelegenheit hingegen nur Sie selbst betrifft (etwa bei der Frage, ob Sie sich für den Gang in den Supermarkt aufdonnern oder nicht), warum sollten Sie sich dann darum scheren, was andere denken? Sollen die ruhig ihre Meinung zu Ihrer Yoga-Hose und dem Ani-DiFranco-T-Shirt haben – die Klamotten sind bequem, und in dem Aufzug wird dieser komische Kassierer *Sie* ganz sicher nicht anbaggern.

Und wenn die Wahrheit irgendwo dazwischen liegt? Na, dann brauchen Sie dieses Buch erst recht!

Vielleicht dauert es ein wenig, bis Sie sich daran gewöhnen, aber Sie müssen aufhören, sich darum zu scheren, was andere Leute denken.

Seien Sie einfach kein Arschloch

Ich kann es gar nicht oft genug betonen: Wenn Sie es richtig anstellen, macht es Sie *nicht* zu einem Arschloch, wenn Sie auf etwas scheißen. Solange Sie vorher darüber nachdenken, *warum* Sie auf etwas scheißen wollen; stellen Sie sich die Auswirkungen Ihres Handelns auf andere vor und verringern so die Wahrscheinlichkeit verletzter Gefühle. Auf diesem Weg werden Sie – normalerweise durch eine Kombination aus Ehrlichkeit und Höflichkeit – eine Lösung finden, die Ihnen gut zu Gesicht steht und die Zahl anonymer Drohungen gegen Sie minimiert.

ERSTELLEN SIE
EIN JA-BUDGET

Sie wissen doch sicher, wie befriedigend es ist, mehrere Monate auf etwas gespart zu haben, das Sie sich unbedingt kaufen möchten. Irgendwann ist es dann so weit. Sie gehen mit ihrem Geld in den Laden und kommen mit einem brandneuen Snowboard (oder was auch immer) wieder heraus. In dem Moment denken Sie vermutlich nicht weiter darüber nach, worauf Sie die letzten hundert Tage alles verzichtet haben, um das nötige Geld für das Snowboard zusammenzubekommen. Aber verzichtet *haben* Sie. Vielleicht haben Sie drei Monate lang jeden Tag auf Ihr Frühstück von Dunkin' Donuts verzichtet. Oder vielleicht haben Sie mehr Schichten bei Dunkin' Donuts eingelegt, um das Geld zu verdienen (was einem Verzicht an Freizeit gleichkommt). So oder so: Sie hatten ein konkretes Ziel – das nötige Geld für ein Snowboard zusammenzubekommen. Um dieses Ziel zu erreichen, haben Sie ein Budget erstellt, wie viel Geld Sie ansparen oder wie viele Stunden Sie dafür arbeiten müssen. Und Sie haben sich an dieses Budget gehalten.

Ich schlage vor, ebenso ein Budget für Ihre Jas zu erstellen.

Was wäre, wenn Sie, statt in eine existentielle Krise zu geraten, weil Sie damit hadern, ob Sie diese gottverdammte Bio-Erdnussbutter nicht vielleicht doch kaufen sollten, um die Gefühle Ihres Freundes zu schonen, selbigen Erdnussbutter-Kauf einfach als einen Posten in Ihrem Ja-Budget betrachten? Ein Zwanzig-Dollar-Glas Bio-Erdnussbutter gekauft = ein Ja ausgegeben. Und zu Bio-Erdnussbutter ja zu sagen heißt, dass Sie nun ein Ja weniger zur Verfügung haben und zu etwas *anderem* nicht mehr ja sagen können – etwa zu einer zwanzig Dollar teuren Taxifahrt von der Erdnussbutter-Fetischisten-Party nach Hause (damit Sie sich zu allem Übel nicht auch noch den öffentlichen Personennahverkehr geben müssen). Oder zwanzig Dollar für das neue Snowboard. Oder für die Miete.

Jetzt erscheint Ihnen Ihr Ja schon gleich um einiges kostbarer, nicht wahr? **Natürlich geht es nicht immer um Geld.** Es gibt viele Jas, die weniger Ihre Brieftasche als Ihr Zeit- oder Energiekonto belasten. Aber Zeit und Energie lassen sich genauso gut budgetieren wie Geld.

Sagen wir beispielsweise, Sie haben ein Kind, und die Eltern der Freunde Ihres Kindes backen regelmäßig Plätzchen für den Schulbasar – Plätzchen mit kleinen Zuckergussgesichtern darauf und noch ein Extra-Blech mit glutenfreien für die Allergiker. Womöglich haben Sie selbst weder die nötige Zeit noch Energie zum Plätzchenbacken. Womöglich haben Sie dafür zwanzig Dollar übrig, machen sich aber Sorgen, was die anderen Eltern von Ihnen denken könnten, wenn Sie mit gekauften Keksen fürs Kuchenbüfett ankommen.

Ahnen Sie, worauf ich hinauswill?

Sie sollten a) aufhören, sich darum zu scheren, was andere Leute denken, und b) Ihre Jas entsprechend einteilen. Keine Zeit, keine Energie? Dann eben gekaufte Kekse! **Wir sagen viel zu oft ja, ohne uns der Konsequenzen wirklich bewusst zu sein.** Wir sind zu sehr im Jetzt gefangen, haben das Gefühl, unter Druck zu stehen und nicken Dinge ab, ohne nachzudenken. Wir erklären uns bereit, ein Wochenende in Vancouver zu verbringen, und erst hinterher wird uns klar: *Huch, das habe ich mir wohl nicht richtig überlegt.* Um das eigene Glückspotential zu maximieren, müssen Sie aber über die Konsequenzen Ihrer Entscheidung nachdenken, *bevor* Sie sie treffen. Ihre Zeit, Energie und/oder Ihr Geld sollte dazu dienen, Ihnen mehr Freude zu bringen. Falls das Gegenteil der Fall ist, wollen Sie das nicht erst auf halber Strecke nach Kanada feststellen. Halten Sie also einen Moment lang inne. Kalkulieren Sie. Und vielleicht sparen Sie sich Ihr Ja für etwas anderes auf.

WAS IST MIT DEN MENSCHEN, DIE EINFACH NICHT AUFHÖREN, SICH IN IHRE ENTSCHEIDUNGEN EINZUMISCHEN?

Wir alle kennen solche Kandidaten. Da können Sie noch so ehrlich und höflich sein, diese Leute kapieren es einfach nicht. Sie können scheinbar nicht anders: Sie verwickeln Sie in Diskussionen, akzeptieren kein Nein und versuchen ständig, Sie von ihrem Standpunkt zu überzeugen. Was immer es ist, worauf Sie scheißen, diesen Menschen ist es so wichtig, dass sie eine abweichende Meinung nicht stehenlassen können.

Das Thema spielt dabei keine Rolle. Es kann alles sein, von Amateur-Football über Impro-Jazz bis hin zu der Tatsache, dass Sie nicht an den religiösen Zeremonien Ihrer Verwandtschaft teilnehmen wollen. Solche Leute werden sich *niemals* von Ehrlichkeit oder Höflichkeit überzeugen lassen. Solche Leute legen es geradezu auf eine Konfrontation an. **ES IST, ALS *WOLLTEN* SIE, DASS MAN IHRE GEFÜHLE VERLETZT.**

In Fällen wie diesen müssen Sie die langfristigen Auswirkungen auf Ihr Ja-Budget bedenken. Es kann durchaus Vorteile haben, ein schlechter Mensch zu sein beziehungsweise wie einer dazustehen, wenn Sie dadurch einem Konflikt ein für alle Mal ein Ende setzen können.

Hey, wenn jemand diesen Leuten ans Bein pinkeln muss, warum dann nicht Sie?

ZUSAMMENFASSUNG

Bei der lebensverändernden Magie der NotSorry-Methode geht es in erster Linie darum, Prioritäten zu setzen. Lust über Frust. Wahlfreiheit über Pflicht. Meinungen über Gefühle. Halten Sie sich an Ihr Budget. Verlieren Sie nicht Ihre langfristigen Ziele aus den Augen.

Wiederholen wir noch einmal die Grundlagen – die Werkzeuge und Konzepte, mit deren Hilfe Sie entscheiden können, ob Ihnen etwas wichtig ist oder ob es Ihnen am Arsch vorbeigeht.

- Betrifft Ihre Entscheidung nur Sie? Oder (auch) andere?
- Ist Ersteres der Fall, sind Sie der Konkurrenz weit voraus!
- Trifft Letzteres zu, müssen Sie zunächst aufhören, sich darum zu scheren, was andere denken, bevor Sie sich in einem zweiten Schritt daranmachen können, auf die betreffende Sache zu scheißen.
- Seien Sie kein Arschloch.

51

- Und jetzt betrachten Sie Ihr Ja-Budget: Was ist Ihnen die Sache wert? Können und wollen Sie es sich leisten, ja zu sagen?
- Lautet die Antwort »Ja«, dann nur zu! Aber wenn die Antwort »Nein« lautet, machen Sie auf ehrliche und höfliche Weise deutlich, dass Sie auf die betreffende Sache scheißen, und entschuldigen Sie sich nicht dafür.

Für den Fall, dass Sie zu denen gehören, die am besten visuell lernen, habe ich ein Flussdiagramm erstellt, anhand dessen Sie entscheiden können, ob sie zu etwas ja oder nein sagen sollten. Zögern Sie nicht, es im Laufe der Lektüre hin und wieder zu konsultieren.

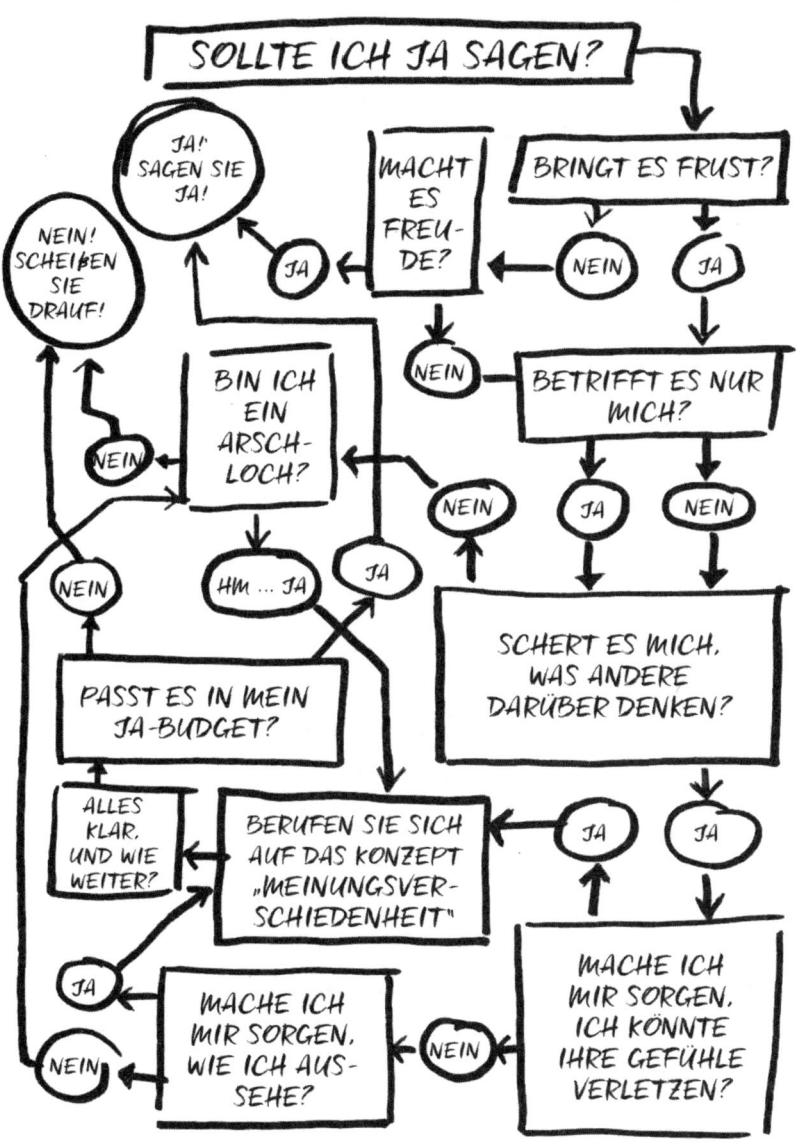

SOLLTE ICH JA SAGEN?

JA! SAGEN SIE JA!

NEIN! SCHEIßEN SIE DRAUF!

MACHT ES FREUDE?

BRINGT ES FRUST?

NEIN

JA

NEIN

BETRIFFT ES NUR MICH?

BIN ICH EIN ARSCH-LOCH?

NEIN

NEIN

JA

NEIN

HM ... JA

JA

SCHERT ES MICH, WAS ANDERE DARÜBER DENKEN?

PASST ES IN MEIN JA-BUDGET?

NEIN

ALLES KLAR, UND WIE WEITER?

BERUFEN SIE SICH AUF DAS KONZEPT „MEINUNGSVER-SCHIEDENHEIT"

JA

JA

JA

MACHE ICH MIR SORGEN, WIE ICH AUS-SEHE?

NEIN

MACHE ICH MIR SORGEN, ICH KÖNNTE IHRE GEFÜHLE VERLETZEN?

NEIN

53

In den Abschnitten II und III dieses Buches werde ich:

- mit Ihnen zusammen Ihr mentales Gerümpel sichten, das Sie schon bald ausmisten werden;
- Ihnen zeigen, wie Sie Ihre Jas vorsortieren, um selbstbewusstere und effizientere Entscheidungen zu treffen;
- Sie mit meiner Liste der »Zehn Dinge, auf die ich persönlich zu scheißen gelernt habe« bekannt machen;
- Ihnen verschiedene Strategien vorstellen, wie Sie Schritt 2 (auf etwas scheißen) konkret anwenden können;
- und Ihnen dabei helfen, diejenigen Dinge zu identifizieren, die Ihnen wirklich wichtig sind, so dass Sie minimalen Stress, maximales Glück und eine geballte Ladung lebensverändernde Magie erfahren.

Aber fürs Erste: noch eine allerletzte Übung, damit Sie langsam reinkommen ...

EINE VISUALISIERUNGSÜBUNG

Setzen Sie sich hin. Entspannen Sie sich.

Ich möchte, dass Sie sich eine Minute Zeit nehmen, um **sich all das zu vergegenwärtigen, wodurch Sie sich im Moment unter Druck gesetzt fühlen: Freunde, Familie, die Gesellschaft oder auch Ihr eigenes verkorkstes Pflichtgefühl – alles, was Ihnen das Gefühl gibt, ja sagen zu müssen.**

Das könnte zum Beispiel sein: der Zwang, einen zur Handtasche passenden Gürtel zu finden, LinkedIn, regionale Lebensmittel, Hot Yoga, Paläo-Diäten. Die *Harry Pot-*

ter-Reihe, Kombucha, Twitter-Trends, die amerikanischen Vorwahlen, Podcasts, Ponchos, Ballett, Bret Easton Ellis, Hashtags, Fair-Trade-Kaffee, die Cloud, die Kinder anderer Leute, scheinheilige Christen, ein Überblick über die chinesische Wirtschaft, #catsofinstagram, *The Voice*, die neue Frau Ihres Vaters und/oder das Burning Man Festival.

Na? Ist Ihnen schon schwindlig? Sind Sie zittrig, gurgelt es in Ihrem Magen, haben Sie Angstzustände? Sind Sie wütend?

Gut. Dann funktioniert es.

Und jetzt stellen Sie sich vor, wie glücklich und frei Sie sich fühlen würden, wenn Sie zu all diesen Dingen einfach nein sagen könnten.

Hot Yoga? Drauf geschissen!

Die Cloud? Geht mir am Arsch vorbei.

Und #catsofinstagram? Ich glaub, im Keller ist gerade ein Glas Gurken aufgegangen.

Fühlt sich das nicht gleich viel besser an? Ich sage Ihnen: Der Augenblick, in dem Sie sich dazu entschließen, auf mehr Dinge zu scheißen, ist der Augenblick, in dem Sie anfangen, Ihr bestmögliches Leben zu leben.

Mit dieser Erkenntnis im Hinterkopf wenden wir uns nun Schritt 1 der NotSorry-Methode zu: herausfinden, wozu Sie nicht länger ja sagen wollen.

11.

FINDEN SIE HERAUS,

WOZU SIE

NICHT LÄNGER

JA

SAGEN WOLLEN

In diesem Teil werden wir eine Bestandsaufnahme sämtlicher Dinge machen, zu denen Sie ja sagen. Leider können wir diese Jas nicht einfach vor uns auf dem Boden ausbreiten, wie Sie es bei der KonMari-Methode mit Ihren Socken tun würden.

Doch keine Bange, ich weiß Rat.

Ich werde zunächst die vier Kategorien potentiellen Ja-Sagens umreißen, und dann werden wir eine nach der anderen abarbeiten. Das macht Spaß, Ehrenwort! Viel mehr Spaß als die Karaoke-Geburtstagsparty Ihres Kollegen (auf die wir in Teil II ebenfalls zu sprechen kommen werden).

Sie werden für jede Kategorie eine Liste erstellen und anhand dieser Listen herausfinden, was Ihnen Frust und was Lust bringt. Dann können Sie mit Schritt 1 fortfahren und entscheiden, wozu Sie künftig nicht mehr ja sagen wollen.

Wenn Sie erst mal damit angefangen haben, werden Sie merken, dass der Vorgang kinderleicht ist. Beinahe ein bisschen ... suchterzeugend. Ich garantiere Ihnen, je öfter Sie auf Dinge scheißen, desto öfter werden Sie auf Dinge scheißen *wollen*.

Es fühlt sich einfach so unbeschreiblich gut an.

IHR KOPF IST EINE SCHEUNE

Zu entscheiden, dass Sie auf etwas scheißen wollen, ist extrem befreiend. Zu entscheiden, auf etwas zu scheißen und dies dann auch tatsächlich zu *tun*, und zwar ohne die Gefühle anderer Menschen zu verletzen oder ein Arschloch zu sein, ist sogar noch besser.

Doch zuerst müssen Sie den Blick nach innen richten. Erkenne dich selbst!

Schritt 1 beginnt damit, dass Sie eine Bestandsaufnahme Ihres mentalen Raums machen, damit Sie später alle Jas in zwei Haufen sortieren können: Frustbringer hierhin, Lustbringer dorthin. Sobald das getan ist, können Sie entscheiden, wie Sie weiter damit verfahren wollen.

Wie gesagt, Sie können Ihre Jas nicht vor sich auf dem Fußboden ausbreiten wie Socken ... aber immerhin können *Sie* sich auf den Fußboden setzen.

Später werde ich Sie genau darum bitten (vorzugsweise Hartholzboden – wenn Sie es unbequem haben, wird Sie das motivieren, schneller fertig zu werden). Ich werde Sie bitten, sich Ihren Kopf als ein unaufgeräumtes Zimmer vorzustellen. Oder nein – lieber als eine riesige, bis unter die Decke mit Gerümpel vollgestopfte Scheune. **Diese Scheune enthält all den Krempel, von dem andere wollen, dass Sie dazu ja sagen, ob Sie nun *wollen* bzw. *müssen* oder nicht.**

Ich sage Ihnen, in dieser Scheune herrscht das reinste Chaos.

(Haben Sie *Das Messie-Team – Start in ein neues Leben* gesehen? Ich glaube, ich kriege Ausschlag.)

Als Nächstes werden Sie einen Rundgang durch Ihre Scheune machen und die guten Sachen (Dinge, zu denen Sie auch weiterhin ja sagen wollen) von dem unnützen Gerümpel (Dinge, auf die Sie künftig scheißen möchten) trennen. Vielleicht finden Sie sogar das eine oder andere vergessene Stück, das einen Ehrenplatz in Ihrer Kopfscheune bekommt, sobald Sie wieder ein bisschen Platz geschaffen haben. So oder so: Sie werden jedes einzelne Stück in Ihrer Scheune identifizieren; Sie werden ihm Auge in Auge gegenüberstehen und lange und gründlich darüber nachdenken, ob Sie wirklich dazu ja sagen wollen und sollten.

Wenn Sie sich plötzlich mit so viel Mist auf einmal konfrontiert sehen, wird sich vielleicht Ihr Magen zusammenkrampfen. Sie könnten ein unangenehmes Grummeln in den Eingeweiden verspüren, Ihr Kopf beginnt womöglich zu pochen und Ihr Herz zu hämmern. DIESER EFFEKT IST ERWÜNSCHT.

Unser Ziel ist der totale Overkill.

Meistens stecken wir nur kurz den Kopf in die Scheune. Wir kommen gar nicht an dem Haufen Gerümpel vorbei, das sich direkt hinter dem Tor stapelt, geschweige denn, dass wir uns mit dem Zeug weiter hinten auseinandersetzen. Aber Sie müssen bis in den letzten Winkel vordringen und sich zu Ihrem ganzen Schrott ehrlich *bekennen*, bevor Sie auch nur daran denken können aufzuräumen.

Ganz richtig, Sie müssen erst die volle Ja-Überdosis erleben, um wirklich zu begreifen, wie viel Zeit, Energie und/ oder Geld Sie das alles kostet – um sich dann mit neugewonnenem Elan ans Ausmisten zu machen.

Nachdem Sie eine Bestandsaufnahme Ihrer Scheune

gemacht haben (wie gesagt, das genaue Vorgehen erkläre ich beizeiten), werden Sie eine Liste sämtlicher Dinge, Menschen und Themen erstellen, die Sie dabei ausgegraben haben.

Wenn Sie dies nur ein einziges Mal wirklich *gründlich* tun, haben Sie fortan ein Instrument an der Hand, mit dessen Hilfe Sie sich ein Leben lang von überflüssigem Ja-Sagen befreien können, selbst wenn sich die Dinge, zu denen Sie ja sagen sollen/müssen, mit der Zeit verändern. (Zum Beispiel, wenn Feiertage vor der Tür stehen.) Sie können wirksam verhindern, dass sich neues Gerümpel ansammelt, weil Sie nun wissen, was Sie tun müssen, damit die Dinge, die Ihnen am Arsch vorbeigehen, gar nicht erst den Weg in Ihre Scheune finden!

Nochmals: Sie müssen *alles*, was Sie finden, auflisten, unabhängig davon, ob es Ihnen wichtig oder scheißegal ist. Im Moment sind die Dinge, zu denen Sie wirklich ja sagen wollen, womöglich unter einem Berg anderer Dinge verborgen, zu denen Sie gerne nein sagen würden – so interessieren Sie sich beispielsweise für das seelische Wohlbefinden Ihrer Schwester, *nicht* jedoch für die Intimpiercings ihres neuen Freundes.

Ich habe Sie gewarnt. Da drinnen ist ein einziger Saustall. Da müssen Sie zuallererst mal die Lage peilen.

Wie Albert Einstein einst sagte: »Wenn ich eine Stunde Zeit hätte, um ein Problem zu lösen, würde ich fünfundfünfzig Minuten lang über das Problem nachdenken und fünf Minuten über die Lösung.« Kluger Kerl. Kein Wunder, dass er den Nobelpreis gewonnen hat.

Nehmen Sie sich so viel Zeit, wie Sie brauchen, um die Scheune in Ihrem Kopf zu erforschen, alle darin befindlichen Dinge auszugraben und einzeln aufzulisten. Ich garantiere Ihnen, es wird Sie auf dem Weg zu aufgeklärterem Ja-Sagen und einem glücklicheren Leben einen Riesenschritt voranbringen.

Vertrauen Sie mir. Oder vertrauen Sie wenigstens Einstein.

ORDNEN SIE IHR GERÜMPEL
IN KATEGORIEN

Für die NotSorry-Methode habe ich vier Kategorien entwickelt, in die sich Ihr mentales Gerümpel – sprich: all das, wozu Sie derzeit ja sagen – einteilen lässt:

Dinge

Arbeit

Freunde, Bekannte, Fremde

Familie

Zusammengenommen bilden diese Kategorien das große Miasma an Menschen, Ereignissen und Gegenständen, auf die Sie potentiell scheißen könnten. Keine Bange, wir werden sie alle der Reihe nach besprechen, was den Prozess für Sie einfacher und transparenter macht. Gern geschehen.

Ich empfehle Ihnen dringend, die von mir vorgegebene Reihenfolge einzuhalten. An erster Stelle kommen die Dinge, weil sie leblos sind und keine Widerworte geben können. Danach die Arbeit, denn die weckt in fast allen mir bekannten Menschen Gefühle von Bitterkeit und Unmut (immer ein guter Motivator). Sobald Sie sich schön warmgemacht haben, folgen Freunde, Bekannte und Fremde, und als letzter Punkt kommt, aus einleuchtenden Gründen, die Familie.

Hören Sie – ich weiß, Sie sind ganz heiß auf die NotSorry-Methode und können es nicht erwarten, endlich Ihrem Schwager zu sagen, dass er Sie am Arsch lecken und aus seiner Mailing-Liste zur amerikanischen Einwanderungspolitik streichen soll. Widerstehen Sie der Versuchung! Mit der Familie zu beginnen bedeutet Unheil, glauben Sie mir. Ich scherze nicht.

Die Familie ist ein verdammtes MINENFELD.

Hier ist das Nein-Sagen ganz ohne Frage am schwersten. Zum einen haben die meisten Menschen im Zusammenhang mit der Familie ein stark ausgeprägtes **Pflichtbewusstsein**, dem man nicht mit einem einfachen Meinungen-vs.-Gefühle-Argument beikommen kann. Deshalb empfehle ich, Pflichtbewusstsein gleich mit auf Ihre Liste zu setzen, damit Sie sich über Ihre Gefühle bezüglich dieses Verpflichtetseins klarwerden können, ehe Sie sich einem konkreten Verwandten, einer Familienveranstaltung oder einem Erinnerungsstück zuwenden.

Sobald Sie die ersten Kategorien bewältigt haben, wird es Ihnen leichter fallen, Ihr Pflichtgefühl in Bezug auf ... sagen wir ... die Bewahrung von Großtante Josephines mottenzerfressener Nerzstola von Ihren Gefühlen für Großtante Josephine selbst zu trennen (und von den Gefühlen und Meinungen Ihrer Familienmitglieder, die sich bitte schön um ihren eigenen Kram kümmern sollen). Auch wenn Sie es (noch) nicht glauben können: Sie werden dem knopfäugigen Viech, ohne mit der Wimper zu zucken, adieu sagen!

Bereit?

Großartig, packen wir's an!

DINGE

Wie zu erwarten, enthält die Kategorie »Dinge« unbelebte Gegenstände und Ideen, von denen keines die verdrießlichen *Gefühle* und *Meinungen* Ihrer Mitmenschen besitzt.

Gut, bei einigen Posten auf Ihrer Dinge-Liste könnte es sich theoretisch auch um Personen handeln (beispielsweise betrachte ich The Grateful Dead als *Ding*, selbst wenn dieses Ding die Gestalt menschlicher Körper annimmt), und theoretisch könnten sie sich auch mit der Kategorie »Fremde« überschneiden. (Ich kenne keines der Mitglieder von The Grateful Dead persönlich.) Aber wenn ich von »Fremden« im Zusammenhang mit Kategorie 3 rede, meine ich eigentlich Menschen, denen Sie schon einmal begegnet sind oder mit denen Sie zu tun haben, ohne sie wirklich zu kennen – so wie dieser Typ im Urlaub, der wirklich *alles* tut, um Sie dazu zu bringen, den Vertrag für die Timeshare-Wohnung zu unterschreiben, während Sie die ganze Zeit denken: »Mann, ich interessiere mich einen feuchten Dreck für Timesharing oder dafür, ob Sie Ihre Quoten erfüllen.« Wenn Sie dann »Timesharing« auf Ihre Scheiß-drauf-Liste der Kategorie »Dinge« setzen, braucht der Timeshare-Verkäufer logischerweise nicht mehr auf der Scheiß-drauf-Liste der Kategorie »Fremde« aufzutauchen. Andererseits hat ein klein wenig Redundanz noch nie jemandem geschadet – erst recht nicht, wenn man auf der Suche nach Erleuchtung ist.

Aber weiter im Text ...

EIN KURZER BLICK IN MEINE SCHEUNE

Müsste ich **heute** eine Liste der Dinge erstellen, die gegenwärtig in meiner Kopfscheune herumstehen bzw. -liegen, dann enthielte diese Liste (unter anderem) folgende Punkte:

1. die nächste Urlaubsplanung;
2. die Sorge, dass es im Urlaub regnen könnte;
3. die Frage, ob Donald Trump Präsidentschaftskandidat der Republikaner wird;
4. dieses Buch zu Ende schreiben, damit ich endlich in den Urlaub fahren kann.

Sie wissen ja: Wenn es Punkte auf meiner Liste gibt, die mir Frust bringen, sollte ich zu ihnen nein sagen. Für Dinge, die mir Freude bereiten, gilt das Gegenteil.

Beim Betrachten meiner Liste wird mir klar, dass meine Urlaubsplanung und das Schreiben dieses Buches mir tatsächlich Freude machen, während die Aussicht auf eine Präsidentschaft von Trump sowie der Gedanke an einen verregneten Urlaub mir **nicht nur Frust bringen, sondern darüber hinaus Dinge sind, über die ich keinerlei Kontrolle habe.** Folglich sollte ich mich auf die ersten beiden Punkte konzentrieren und die anderen beiden einem Haufen alten Heus und vertrockneter Pferdeäpfel gleich aus meiner Scheune fegen. (Das Fegen selbst ist allerdings Schritt 2 – dazu kommen wir noch.)

Fürs Erste werden Sie die Scheune in Ihrem Kopf sichten und alles auflisten, was Sie darin finden. Vielleicht wird Ihre Liste sich teilweise mit meiner überschneiden.

Vielleicht leben Sie auch aus freien Stücken in Seattle oder Schottland, weil Sie Regen lieben. Ich werde nicht so tun, als könnte ich diese Lebensentscheidung nachvollziehen, aber ich verurteile Sie auch nicht. Na ja, vielleicht ein bisschen ... wobei Sie inzwischen ja wissen, dass Sie einen Scheiß darauf geben sollten, was ich denke, nicht wahr?

Der Punkt ist: Keine zwei Listen sind gleich.

Fragen Sie sich: Was sind die Dinge in Ihrer Scheune, bei denen Sie unwillkürlich einen wohligen Seufzer ausstoßen? Und was sind die Dinge, die bei Ihnen so ein unangenehmes Gefühl im Magen auslösen, als hätte jemand eine Gabel in den Mixer gesteckt?

Lust oder Frust? Wenn die Zeit reif ist, müssen Sie *alles* aufschreiben!

Zur Inspiration finden Sie unten eine Liste mit Dingen, die früher meine Scheune zugemüllt und bei mir für nicht enden wollenden Frust gesorgt haben. Mittlerweile habe ich gelernt, zu all diesen Dingen nein zu sagen. Drauf geschissen! (Es ist nur die Spitze des Eisbergs, aber der Sinn dürfte klar sein.)

ZEHN DINGE, AUF DIE ICH PERSÖNLICH ZU SCHEISSEN GELERNT HABE:

1. **was andere Leute denken.** Vergessen Sie nicht: Dieser Punkt steht nicht zur Debatte. Alle Jas entspringen dieser Quelle.
2. **einen »Bikini-Body« zu haben.** Heilige Muttergottes! An dem Tag, als ich endlich aufhörte, mir darüber Gedanken zu machen, wie ich in Badebekleidung aussehe,

war es, als würde es Kätzchen in schwarzen Gymnastikanzügen vom Himmel regnen, die zu Ehren meiner Schenkel und meines Bauches »All the Single Ladies« performen. Magisch!

3. **Basketball.** Ich habe Basketball noch nie verstanden oder gemocht. Ich schaue mir kein Basketball im Fernsehen an, und wenn ich zu einem Spiel eingeladen werde, gehe ich nicht hin. Basketball interessiert mich einfach einen Scheiß, und mein Leben ist deshalb kein bisschen ärmer. Sie können das auf jeden beliebigen Sport oder jede beliebige Mannschaft übertragen, ausgenommen die Boston Red Sox. Weil ich es sage.

4. **gute Laune am Morgen.** Den Großteil meines Lebens habe ich mich dafür geschämt, dass ich in den frühen Stunden des Tages zu nichts zu gebrauchen bin, dass ich Termine vor zwölf Uhr mittags meide wie der Teufel das Weihwasser und es oft nur auf den letzten Drücker zu Morgen-Meetings schaffte. Die Gesellschaft scheint Morgenmenschen sehr zu schätzen und auf diejenigen, die sich diesem Diktat nicht beugen wollen (oder können), herabzuschauen. Sobald ich mich selbständig gemacht hatte, habe ich ein für alle Mal darauf geschissen, ob ich ein Morgenmuffel bin oder nicht. Nehmt das, ihr Morgenmenschen!

5. **Taylor Swift.** Alle so: »Tay-Tay!«, und ich so: »Nee, lass mal.«

6. **Island.** Bestimmt ist Island ein wunderschönes Land, aber sobald mir jemand erzählen will, dass er gerade eine einmalige Reise nach Island plant oder wie viel Spaß er auf Island hatte oder dass die Mehrheit aller Isländer an Elfen glaubt (!), schalte ich ab.

7. **Analysis.** Dies ist vielleicht der erste bezeugte Vorfall,

wie ich auf etwas schiss. Mein Vertrauenslehrer an der Highschool war der Ansicht, ich solle unbedingt einen Kurs in Analysis belegen, um meine Chancen auf einen Platz an einem guten College zu erhöhen. Ich überlegte hin und her, kam aber schließlich zu dem Schluss, dass ich keinen Bock auf Analysis hatte. Ich belegte den Kurs also nicht und schaffte es trotzdem nach Harvard. Dagegen gibt es keine Argumente.

8. **Heuchelei.** Ich bin die Personifizierung der Maxime »Wenn du nichts Nettes zu sagen hast, sag gar nichts«. Ich habe einfach keinen Bock, anderen etwas vorzuspielen.

9. **Passwörter.** Eine meiner jüngsten Erfolgsgeschichten. Früher waren mir Passwörter *unglaublich* wichtig, und die Frage meiner persönlichen Sicherheit im Internet trieb mich fast in den Wahnsinn. Doch dann las ich einige Artikel von Fachleuten, die behaupteten, dass wir sowieso nur einen pickligen (slawischen) Teenager davon entfernt seien, gehackt zu werden, also dachte ich bei mir: *Vielleicht sollte ich einfach dasselbe Passwort für alles benutzen? Wäre das wirklich so schlimm?* Überdies stellte ich fest, dass mein Ehemann nach sechzehn gemeinsamen Jahren *immer* noch nicht mein sechsstelliges Hotmail-Passwort kannte – von daher war es vermutlich übertrieben, mir für mein Gap-Konto, mein Ann-Taylor-Passwort und mein Victoria's-Secrets-Konto jeweils unterschiedliche Turing-zertifizierte Kryptophrasen auszudenken. So weit, so gut.

10. **Google Plus*.** Hab's nicht mal ausprobiert #notsorry.

---

* Zum Zeitpunkt des Verfassens dieses Buches ist selbst Google dazu übergegangen, auf Google Plus zu scheißen: http://www.recode.net/2015/7/27/11615100/google-starts-divorcing-google

Möglicherweise enthält meine Scheiß-drauf-Liste Dinge, die Ihnen wichtig sind, und das ist vollkommen in Ordnung. Fühlen Sie sich ganz frei. Setzen Sie Ihre Kopfhörer auf, und hören Sie »Shake It Off« auf Repeat, während Sie Ihre Scheune durchstöbern.

Vielleicht scheißen Sie auf Unterwäsche. Oder auf komplizierte Kommaregeln. Oder auf das Gebot, sich auf Treppen und Gehsteigen immer rechts zu halten. (In dem Fall sind Sie ein Egoschwein – oder Europäer. Vielleicht beides?)

Wie auch immer – machen Sie sich die Welt, wie sie Ihnen gefällt!

UND NOCH WAS ...

Beim Schreiben dieses Buches fielen mir immer mehr Dinge ein, die mir am Arsch vorbeigehen. (Unter anderem stellte sich heraus, dass ich eine sehr klare Haltung zu Bio-Erdnussbutter habe.) Und obwohl ich persönlich das als überaus energetisierend empfand, ist es für den NotSorry-Neuling möglicherweise hilfreicher, eine Liste mit Dingen zu sehen, die mir *wichtig* sind, und wie es mir gelungen ist, für diese Dinge mehr Zeit, Energie und/oder Geld zu gewinnen.

Erinnern Sie sich noch an das Ja-Budget? Hier ist meins, live und in Farbe:

DARAUF SCHEISSE ICH	DAS IST MIR WICHTIG
die atomare Bedrohung durch den Iran	der Klimawandel
griechischer Joghurt	Hummus
»Glamping« (Ja, glamorous camping, so was gibt's)	Laser-Haarentfernung
Hummer	mehr Kaviar, bitte
die neueste Verlautbarung des Papstes	Reese Witherspoons Instagram-Account
Serviettenringe	Untersetzer
Olympische Spiele	Staffel 5 von *Shameless* zu Ende gucken
den *New Yorker* lesen	alles andere, was ich in der Zeit tun könnte
ins Fitnessstudio gehen	schlafen
Facebook-Umfragen ausfüllen	in die Luft gucken
College-Football	Campus-Vergewaltigungen
Wie oft man Babys auf den Bauch legen sollte	das Zimmer verlassen, um mir noch ein Glas Wein zu holen

Einige der Dinge auf meiner Liste mögen Ihnen trivial oder oberflächlich erscheinen, aber ich versichere Ihnen, **dass sie eine wahrheitsgemäße, präzise Aufteilung meiner Zeit, Energie und/oder Geldmittel darstellt.**

Beispielsweise habe ich oft das Gefühl, dass ich eigentlich ins Fitnessstudio gehen sollte, und bekomme dann ein schlechtes Gewissen, weil ich es nicht tue. Indem ich beschlossen habe, auf Fitnessstudio-Besuche zu scheißen, habe ich mich von diesen Momenten der Schuld und selbstempfundenen Unzulänglichkeit befreit. Ich habe aufgehört, mich fett zu fühlen, und kann außerdem jeden Morgen eine Stunde länger im Bett liegen bleiben. Ich teile meine Zeit sinnvoller ein, setze dadurch neue Kräfte frei, und wenn man die Mitgliedsbeiträge mit einkalkuliert, spare ich überdies auch noch bares Geld.

Ein Scheiß-drauf-Hattrick!

(Außerdem kann ich gar nicht oft genug betonen, wie wichtig es mir ist, nie mehr eine Unterhaltung über Joghurt führen oder Joghurt essen zu müssen. Nachdem ich Ihnen das gesagt habe, geht es mir gleich viel besser. Im Ernst.)

Während Sie die vier Kategorien durcharbeiten, werden Sie auf Sachen stoßen, die IHNEN Frust bringen, und solche, die IHNEN Freude bereiten. Natürlich kann es sein, dass einige Ihrer Entscheidungen andere dazu verleiten, Ihre Prioritäten zu hinterfragen, aber wen interessiert's? **Sie sagen seltener ja und leben Ihr bestmögliches Leben.**

So geht es mir jedenfalls.

Überlegen Sie nur mal: In der Zeit, die Sie gebraucht haben, um bis zu dieser Stelle zu lesen, habe ich es geschafft, zu einer ganzen Ladung Dinge nein zu sagen. Ich scheiße auf Serviettenringe und auf den *New Yorker*, habe mir meine Bikinizone lasern lassen und viel Zeit damit verbracht, Löcher in die Luft zu starren, während ich den köstlichen Geschmack von cremigem Hummus auf der Zunge spüre. Und wenn es Zeit wird für Rio 2016, werde ich ein für alle Mal auf die Olympischen Spiele zu scheißen lernen.

Es ist wichtig, sich Ziele zu stecken.

Apropos Ziele: Während irgendein armer Trottel zehn Stunden täglich trainiert, um in einer Sandgrube einen halben Zentimeter weiter zu springen als Mike Powell in Tokio im Jahre 1991, können Sie eine Bestandsaufnahme all der Dinge machen, die sich in Ihrer Kopfscheune stapeln, und Ihre erste Liste anfertigen.

Auf der nächsten Seite habe ich eine Tabelle zum Ausfüllen bereitgestellt, damit Sie sofort loslegen können, aber natürlich können Sie dafür auch gerne Ihre eigenen Blätter verwenden.

Geizen Sie nicht mit Papier. Das hier ist wichtig!

DINGE, AUF DIE ICH SCHEISSE, UND SOLCHE, DIE MIR WICHTIG SIND

ARBEIT

Wenngleich komplexer als die Kategorie »Dinge« – in der es ausschließlich um unbelebte Gegenstände/Ideen/Aktivitäten geht –, ist die Kategorie »Arbeit« immer noch weniger knifflig als der Umgang mit Freunden oder Familie; insofern ist sie der logische zweite Schritt auf dem Weg zur lebensverändernden Magie.

Außerdem: Fragen Sie wahllos einige Menschen, was diese im Leben am meisten hassen, und Sie werden hören: den Job, den Chef, die Kollegen, EDV-Abteilungen oder irgendetwas in der Richtung.

Zum Glück gibt es zahlreiche völlig akzeptable Wege, zu weniger Dingen auf der Arbeit ja zu sagen – ob Sie unnötige Meetings schwänzen, überflüssigen Papierkram meiden oder die Einladung zur Party eines Kollegen ausschlagen – und trotzdem Ihren Job zu behalten, Respekt zu genießen, ja, sogar gemocht zu werden (falls Ihnen das wichtig ist; vgl. Kasten S. 80 »Die Sympathie-Vortex«). Viele dieser Punkte werden wir im Laufe dieses Kapitels und vor allem in Teil III noch eingehender behandeln.

Die zwei häufigsten Gründe, weshalb Sie in Bezug auf die Arbeit zu oft ja sagen, sind:
1. Sie fürchten sich vor dem Urteil Ihrer Vorgesetzten (die über Ihr Gehalt entscheiden).
2. Sie fürchten sich vor dem Urteil Ihrer Kollegen (in deren Gesellschaft Sie den Großteil Ihres Tages verbringen).

Diese Gründe sind, oberflächlich betrachtet, absolut verständlich; haben Sie allerdings schon einmal darüber nachgedacht:

1. wie schwer es ist, gefeuert zu werden, wenn Sie gute Arbeit leisten?
2. wie wenig es Sie in der Tiefe Ihres Herzens interessiert, ob Gail aus der Marketing-Abteilung Sie mag oder nicht? Scheiß auf Gail und ihren Rettet-die-Eisbären-Benefiz-Halbmarathon. (Aber zu Gail später mehr.)

Fürs Erste behalten Sie bitte im Hinterkopf, dass Sie sich nur über solche Dinge Gedanken machen sollten, die Ihrer Kontrolle unterliegen, nicht jedoch über Dinge, auf die Sie sowieso keinen Einfluss haben. Die Kategorie »Arbeit« ist wie eine Petrischale, in der es täglich zwischen neun und siebzehn Uhr von Dingen, Menschen und Vorgängen nur so wimmelt, für die wir uns nicht wirklich entschieden haben und von denen wir viele auch nicht beeinflussen können.

Stellen Sie sich ein durchschnittliches Bürogebäude mit seinem hässlichen Teppichboden, seinen tristen Besprechungsräumen und künstlichen Pflanzen vor. Sie könnten sich von dieser seelenzerfressenden Szenerie in den Abgrund der Verzweiflung ziehen lassen, oder ... Sie geben einfach einen Scheiß darauf. Statt jeden Morgen reinzukommen und zu denken: *Gott, dieser Ort ist eine einzige Symphonie in Grau, ich krieg Depressionen!*, könnten Sie denken: *Wenigstens muss ich keine Angst haben, Kaffee auf dem Teppich zu verschütten; hässlicher kann der ja nicht mehr werden!*

Der Punkt ist: Um Ihren Frust in Sachen Arbeit möglichst gering zu halten und Ihre Freude zu maximieren, können Sie nur bestimmen, wie GUT Sie Ihre Arbeit machen und wie VIEL Zeit und Energie Sie dafür aufwenden wollen.

Die NotSorry-Methode auf Ihr Berufsleben anzuwenden und nicht mehr (oder zumindest seltener) zu Aspekten Ihres Jobs ja zu sagen, die Sie als frustrierend empfinden, kann überraschend einfach sein – und es muss nicht dazu führen, dass Sie wegen Inkompetenz oder Aufmüpfigkeit gefeuert werden.

Um Sie in die richtige Stimmung zu bringen, sollten wir zunächst einige gängige Punkte in der Kategorie »Arbeit« behandeln.

MEETINGS

Ich will Sie keineswegs dazu animieren, in Zukunft alle offiziell anberaumten Meetings zu schwänzen – erst recht nicht, wenn Ihre Anwesenheit bei selbigen Meetings darüber entscheidet, ob Sie Ihre Stelle behalten. (Falls Ihnen das egal ist, blättern Sie bitte vor zu S. 167 f. und dem Abschnitt »Das ultimative Drauf-geschissen-Statement in Sachen Arbeit: die Kündigung«.)

Doch es gibt Meetings, die Sie sich schenken können.

Ein Beispiel: Ein Kollege aus einer auswärtigen Abteilung – etwa der Filiale in Chicago, während Sie in San Diego arbeiten – kommt in die Stadt. Irgendeine Assistentin hat es auf sich genommen, Termine für halbstündige Meetings festzulegen, in denen besagter Kollege mit jedem einzelnen Mitarbeiter auf Ihrer Etage umherschlendert, Small Talk über das Wetter macht und nichtssagende Phrasen über die Lage des Unternehmens drischt. Es gibt acht mögliche Termine, teilt Ihnen die Assistentin mit. Welchen Sie denn gerne hätten?

Antwort: Gar keinen.

Sie können einfach sagen: »Die Terminvorschläge passen mir alle nicht«, und dann weiter Ihrem Tagwerk nachgehen. Ich weiß, Sie machen sich Sorgen, Sie könnten Ärger bekommen, und Ihr Bedürfnis, vor Ihrem Chef gut dazustehen, übertrumpft Ihr Bedürfnis, sich das Meeting zu ersparen. Aber wenn Sie ein kompetenter Mitarbeiter sind und wissen, dass dieses Meeting die reinste Zeitverschwendung ist, dann weiß Ihr Chef das auch. Scheuen Sie sich also nicht, nein zu sagen. Lassen Sie jemand anders die Fahne hochhalten. Es gibt genügend Mitarbeiter, die sich ihrem Schicksal fraglos ergeben und sich für die verfügbaren Termine eintragen, als wären sie Gefangene auf dem Weg zu ihrer eigenen Hinrichtung. Sie müssen nicht einer von ihnen sein!

(Noch besser: Wenn Sie einen dieser elektronischen Kalender besitzen, den alle im Büro einsehen können, blockieren Sie ganze Tage mit dem Hinweis »beschäftigt«, dann kann niemand ein Meeting für Sie anberaumen.)

Sicher, einige Meetings sind Pflicht. Um die kommen Sie nicht herum. Aber wenn Sie feststellen, dass auf diesen Meetings außer ergebnislosem Gelaber nichts passiert, sie also eine totale, himmelschreiende Zeitverschwendung sind, können Sie immerhin noch beschließen, nicht zuzuhören. Und Sie können aufhören, sich Notizen zu machen. Denn Hand aufs Herz: Haben Sie jemals die Notizen, die Sie sich während eines Meetings gemacht haben, hinterher noch mal angeschaut? Seien Sie ehrlich!

Und wenn Sie beschlossen haben, auf das wöchentliche Meeting der Vertriebsabteilung sowie die damit einhergehende Seite sinnlosen Gekritzels zu scheißen, können Sie die dadurch wiedererlangte Zeit für etwas

Interesseres nutzen. Zum Beispiel für das Verfassen Ihres Einkaufszettels. Oder für die Planung Ihrer nächsten Vogelbeobachtungs-Exkursion. (Diese Präriehühner beobachten sich schließlich nicht von alleine!) Oder damit, den nächsten Jahrhundertroman zu schreiben! Denken Sie nur, was Sie in den bislang vergeudeten Stunden leisten könnten – Dinge, die Ihnen wirklich wichtig sind. Bei einer bis fünf gesparten Wochenstunden **macht das zwischen zweiundfünfzig und zweihundertsechzig Stunden im JAHR.**

Dachte ich mir doch, dass ich Sie so kriege.

PowerPoint

Auch Steve Jobs hatte eine klare Haltung zu Meetings, insbesondere zum Einsatz von PowerPoint-Präsentationen in selbigen. In Walter Isaacsons Biographie *Steve Jobs* wird der verstorbene Apple-Chef mit folgenden Worten zitiert: »Leute, die wissen, wovon sie reden, brauchen kein PowerPoint.« Recht hat er. Scheiß auf PowerPoint.

TELEFONKONFERENZEN

Telefonkonferenzen sind genaugenommen eine Unterkategorie von Meetings: Es sind Meetings am Telefon. Sie sind noch *schlimmer* als Meetings. Sie sind der Gipfel der Unproduktivität: eine erstklassige Gelegenheit, absolut nichts zustande zu bringen und allen Beteiligten die Zeit zu stehlen. Sofern irgend möglich, weigere ich mich, an Telefonkonferenzen teilzunehmen, und ich versichere Ihnen, ich bin immer noch ein geschätztes, produktives und arbeitsmarkttechnisch voll funktionsfähiges Mitglied der menschlichen Spezies.

Ich übertreibe nicht um des dramatischen Effekts willen – ich nehme *ehrlich* nicht an Telefonkonferenzen teil, die ich als unnötig erachte. Sobald ich anfing, nein zu Telefonkonferenzen zu sagen, wurden mir drei bis vier störungsfreie Stunden pro Woche geschenkt, in denen ich *wirklich* arbeiten konnte. **Sie können beschließen, auf Telefonkonferenzen zu scheißen.** DIE BRINGEN SOWIESO NICHTS. Das ist die Natur von und das Paradoxe an Telefonkonferenzen. Sollten die anderen Beteiligten Ihnen versprechen, sich nach Ihren Terminwünschen zu richten, machen Sie es Ihnen richtig schwer, dann werden sie früher oder später aufgeben. Ehrlich – wenn es etwas gibt, das ich noch mehr hasse als Telefonkonferenzen, dann ist es die Suche nach einem Termin für eine Telefonkonferenz.

Und falls Sie Sorge haben, Ihr Verhalten könnte Sie zu einem schlechten Kollegen und Mitarbeiter machen, fragen Sie sich: *Wenn ich auf diese Telefonkonferenz scheiße, sind davon noch andere Menschen betroffen?* Die Antwort lautet ganz offensichtlich ja, aber tatsächlich betrifft es sie in *positiver* Weise: Sie schützen die Leute vor sich selbst, indem Sie sie daran hindern, dieser zeit-, kräfte- und seelenfressenden Aktivität nachzugehen. Ihr Ja-Konto wird es Ihnen danken!

Die Sympathie-Vortex

Gemocht und respektiert zu werden sind zwei unterschiedliche Paar Schuhe. Zum einen ist es sehr viel leichter, Ihren Job zu halten, wenn man Sie auch respektiert, statt Sie nur zu mögen. Ich habe in meinem Leben schon viele inkompetente Faulpelze »gemocht« – einstellen würde ich sie jedoch nicht.

Die Sympathie-Vortex entsteht, wenn es Ihnen wichtiger ist, gemocht zu werden, als Respekt zu verdienen. Durch diese Einstellung geraten Sie nämlich in einen verheerenden, selbstverschuldeten Strudel. Warum? Weil Sie keine Kontrolle darüber haben, ob andere Sie mögen oder nicht! Kann sein, dass Sie ein lustiger Typ sind, aber vielleicht kommt Ihr Humor nicht bei allen gut an, und manch einer mag Sie nicht. Kann sein, dass Sie nur so vor Freundlichkeit strotzen, aber vielleicht finden einige Sie deshalb sonderbar und mögen Sie nicht. Vielleicht verhalten Sie sich auch komplett unauffällig und tun nie jemandem etwas Böses, aber irgendjemand fühlt sich durch Sie an seine Exfreundin erinnert UND KANN SIE NUN MAL EINFACH NICHT LEIDEN.

Was Sie hingegen sehr wohl kontrollieren können – indem Sie den Fokus auf die Aspekte Ihrer Arbeit legen, die Sie zu einem wertvollen Kollegen machen –, ist, ob Sie Respekt verdient haben. Natürlich kann es passieren, dass die anderen Ihnen keinen Respekt *entgegenbringen* (schließlich hat jeder sein eigenes Ja-Budget), aber wenn Sie gute Arbeit leisten, wissen Sie zumindest, dass Sie ihn *verdient* haben.

Und wenn Sie Ihre Arbeitszeit darauf verwenden, Dinge zu erledigen, statt sich darüber Gedanken zu machen, ob andere Sie gernhaben, brauchen Sie sich vor der Sympathie-Vortex nicht zu fürchten. Ausgezeichnete Arbeit. Nehmen Sie sich den Rest des Tages frei.

KLEIDERVORSCHRIFTEN

Ob dieser Punkt auf Ihre Liste gehört, ist davon abhängig, wo Sie arbeiten. Wenn Sie wie ich freischaffender Autor sind, geben Sie logischerweise einen Scheiß auf Jeansverbote. Wenn Sie dagegen für irgendeinen supertollen Hedgefonds oder in einer großen Kanzlei arbeiten, werden Sie höchstwahrscheinlich nicht darum herumkommen, Anzug oder Kostüm zu tragen – obwohl es ja immer noch neckische Einstecktücher gibt, mit denen Sie sich die bittere Pille etwas versüßen können. Sind Sie im Einzelhandel oder in der Gastronomie tätig und müssen Sie eine Uniform tragen, überspringen Sie diesen Teil einfach. Und falls Ihr Arbeitsplatz eine Kunstgalerie sein sollte: Hauptgewinn! Sie dürfen anziehen, was Sie wollen.

Doch wenn Sie zu den Millionen zählen, die in einem Unternehmen beschäftigt sind, das seinen Mitarbeitern zwar grundsätzlich erlaubt, sich jeden Tag selbständig einzukleiden, sich aber dennoch genötigt fühlt, im Mitarbeiterhandbuch eine »Kleiderordnung« zu umreißen, machen Sie sich bereit. Wir reden jetzt Tacheles.

Die Firma, für die ich früher tätig war, hatte bezüglich der Frage, was angemessene Kleidung für »sommerliches Wetter« darstellt, ganz klare Vorstellungen: keine Flipflops oder Riemchensandalen, keine kurzen Hosen für Männer, keine Hotpants für Frauen, keine Tanktops oder »Beachwear« im Allgemeinen, und es gab noch einige Verbote, an die ich mich in meinem erleuchteten Zustand nicht mehr erinnern kann; man hätte seinen Kalender nach der saisonalen Verdammung nackter Zehen eichen können. Vielleicht war es unserer Verlagschefin einfach wichtig, dass wir alle einen professionellen Eindruck machen; vielleicht litt sie unter Podophobie. Wie auch immer, irgendwann beschloss ich jedenfalls, dass mich diese ganzen Vorschriften nicht kratzen.

Das kam so: Jeden Morgen, wenn ich mich anzog, um in der schwülen Sommerhitze fünfundvierzig Minuten lang in einem öffentlichen Verkehrsmittel zur Arbeit zu gondeln, wo ich dann acht Stunden oder mehr in meinem Büro verbrachte, um abends noch zu irgendeinem Business-Dinner oder dergleichen zu gehen und danach erneut eine Dreiviertelstunde lang in einem öffentlichen Verkehrsmittel nach Hause zu fahren, ärgerte ich mich mehr darüber, dass ich nicht tragen durfte, *was ich wollte.* (Außerdem habe ich schöne Füße, und das sage ich nicht, weil ich prahlen will.) Wenn ich während der heißesten Monate des Jahres zwölf Stunden pro Tag auf den Beinen bin und meine nackten, nicht unbedingt zierlichen Füße jedes Mal in ein Paar Ballerinas zwängen muss, hat das Blasen von der Größe pochierter Hühnereier zur Folge.

Als ich also eines Tages im Sommer 2014 sehnsuchtsvoll meinen Schrank voller Zehensandalen in vielen hübschen Farben betrachtete, die ganz vorzüglich zu meinen bürotauglichen Caprihosen gepasst hätten, sagte ich mir: *Scheiß drauf,* und begann sie zur Arbeit zu tragen.

Ich hatte acht Jahre damit verbracht, mich zu ärgern und meine geschundenen Füße mit Blasenpflastern zu bekleben, und wozu? Weil mir die Kleiderordnung wichtig war! Der Gedanke daran macht mich jetzt noch ganz wütend.

Und was passierte? GAR NICHTS.

Ich trug den ganzen Sommer über Sandalen, und niemand sagte auch nur ein *Wort*. Ich begegnete sogar mehrmals der Chefin im Fahrstuhl, und sie zuckte nicht mal mit der Wimper.

Ich habe es schon mehrfach gesagt, und ich sage es gerne wieder: Es ist sehr schwer, gefeuert zu werden, wenn man gute Arbeit macht. Und wenn man all die Dinge bedenkt, zu denen Sie ja sagen müssen, um Ihren Job anständig zu machen, sollte es im Gegenzug mindestens fünf Dinge geben, auf die Sie guten Gewissens scheißen, wodurch Sie wiederum Ihre Lebensqualität signifikant verbessern. Kleidervorschriften gehören dazu.

UNNÜTZER PAPIERKRAM

Dieser Punkt betrifft sehr viele Menschen quer durch alle Branchen: JuristInnen, Bankangestellte, SekretärInnen, Einzelhandelskaufleute – egal, ob in leitender oder untergeordneter Funktion. Unnützer Papierkram ist die Geißel unserer Gesellschaft, und es ist an IHNEN, darauf zu scheißen!

Schon mal von der »Broken-Windows-Theorie« gehört? Im Wesentlichen besagt die, dass, wenn vergleichsweise harmlose Ordnungswidrigkeiten (wie Vermüllen oder Vandalismus) ungeahndet bleiben, es nicht lange dauert, bis das gesamte Umfeld der Verwahrlosung und Zerstörung anheimfällt.

Genauso ist es mit Papierkram.

Wir müssen den Anfängen wehren. Je mehr sinnlosen Papierkram Sie sich aufhalsen lassen, desto mehr werden Sie in Zukunft aufgehalst bekommen. Das wäre dann quasi Newtons viertes Gesetz oder so ähnlich.

Ja, es gibt Papierkram, den *sollte* man erledigen. Niemand kann sein Gehalt bekommen, wenn er oder sie den Personalbogen nicht ordnungsgemäß ausfüllt. Das ist *nützlicher* Papierkram! Aber hier ist die Rede von Berichten, von denen Sie ganz genau wissen, dass keine Sau sie jemals lesen wird. Die geschrieben und dann abgeheftet werden und in ihren Ordnern verstauben, bis die Apokalypse kommt. (Erinnern Sie sich an den Film *Alles Routine*? An die Formblätter, die da ständig ausgefüllt werden mussten? Ungefähr so.) Ich rede von Formularen, die eigentlich im Büro in Umlauf gebracht werden sollten, aber aus unerfindlichen Gründen ihren Bestimmungsort nie erreichen, so dass sie siebenmal neu eingereicht werden müssen. Und obwohl diese Formulare regelmäßig auf wundersame Weise verschwinden, ist die Firma noch nicht pleitegegangen – man könnte also argumentieren, dass solcher Papierkram nicht zwingend nötig zu sein scheint. Also besteht auch kein Grund, sich davon zum Sklaven machen zu lassen.

Wir alle kennen solche Formulare. Ich schlage vor, Sie hören einfach auf, sie auszufüllen, und warten ab, was passiert. Vermutlich nichts.

EISBÄREN UND HALBMARATHONS

Arbeiten Sie in einem Büro oder einem Umfeld, in dem Ihre Kollegen es für angebracht halten, Spenden für persönliche Zwecke zu sammeln? Bei mir war es so. Aber ich sage Ihnen ganz klipp und klar: Das Einzige, womit man bei mir punkten kann, sind Girl Scout Cookies. Alles andere interessiert mich nicht. Und Sie muss es auch nicht interessieren.

Stellen Sie sich vor, dass Gail vom Marketing (erinnern Sie sich an Gail?) Spenden für ihren Halbmarathon sammelt, dessen Erlös einer gemeinnützigen Organisation zugutekommen soll, die Gail sehr am Herzen liegt. Gail rettet die Eisbären oder was weiß ich. Ihnen hingegen sind Eisbären schnuppe. Trotzdem machen Sie sich Sorgen, dass Ihre Kollegen, falls Sie kein Geld für Gails Wohltätigkeitslauf spenden, Sie als Kameradenschwein abstempeln könnten und Gail von nun an jedes Mal, wenn Sie Ihnen im Pausenraum begegnet, kehrtmacht und indigniert von dannen rauscht, weil sie nicht dieselbe Luft atmen will wie ein eisbärenhassender Geizkragen.

Jetzt stellen Sie sich folgende Frage: *Ist es mir wirklich wichtig, was Gail (oder sonst jemand) darüber denkt, ob ich für die Rettung der Eisbären (oder etwas anderes) spenden möchte? Interessiert es mich in diesem Zusammenhang, welche* Meinung *jemand über mich hat?*

Wenn Ihre Antwort nein lautet – und das sollte sie, sofern Sie diese Übungen ernst nehmen –, dann fragen Sie sich als Nächstes: *Nur fürs Protokoll – interessiere ich mich für Eisbären? Und was ist mit Halbmarathons?*

Lautet die Antwort auf diese beiden Folgefragen ebenfalls nein, haben Sie soeben einen neuen Punkt zu Ihrer Scheiß-drauf-Liste der Kategorie »Arbeit« hinzugefügt. Herzlichen Glückwunsch!

Der nächste Schritt – dem wir uns in Teil III ausführlich widmen werden – wäre es nun, höflich (d. h., ohne Gails *Gefühle* zu verletzen) die Spende zu verweigern. Voilà: **Sie scheißen darauf**, was Gail denkt, haben beschlossen, dass ihr Benefizlauf Sie **nicht interessiert**, und Sie haben Ihre Entscheidung erfolgreich **umgesetzt.**

Aber noch einmal: Es besteht kein Grund, sich von

einem ständig überlasteten Ja-Sager in ein arbeitsloses, allseits gehasstes Arschloch zu verwandeln.

Wenn ich sage, dass Sie aufhören können, sich darüber den Kopf zu zerbrechen, was Ihre Kollegen denken, dann meine ich damit, dass Sie – obwohl ich Ihre Kollegen zugegeben nicht kenne – vermutlich keine Nachteile zu erleiden hätten, wenn Sie viel weniger auf deren Meinung bezüglich Ihrer persönlichen Lebensentscheidungen gäben.

Ein anderes Beispiel. Einer Ihrer Kollegen, Tim, will seinen Geburtstag in einer Karaoke-Bar feiern. Aus irgendeinem Grund haben Sie keine Lust, verspüren jedoch einen gewissen Druck teilzunehmen – auch wenn es Sie einiges kosten würde: mehrere Stunden Schlaf, dreißig Dollar für wässrige Margaritas und/oder Ihre Selbstachtung. Ich will nicht sagen, dass Sie auf diese Einladung reagieren sollen, indem Sie Tim ins Gesicht lachen oder ihm ein animiertes Gif des Bären aus dem Film *Ted* schicken, wie der sich in einen Partyhut erleichtert. Ich will nur sagen, dass Sie die Einladung – höflich – ausschlagen können, ohne dass davon gleich die Welt untergeht. Damit hätten Sie ein Ja weniger auf Ihrer Liste – *und* einen freien Abend.

AHA, SIE HAT EINEN RUF

Viele Menschen, mit denen ich über dieses Thema spreche, scheinen weniger besorgt darum, die Gefühle ihrer Kollegen zu verletzen, **als ihren eigenen Ruf zu beschädigen.** Dabei ist genau das der Grund, weshalb es bei der NotSorry-Methode *ausdrücklich* darum geht, nicht die Gefühle anderer Menschen zu verletzen und kein Arschloch zu sein:

weil dieses Verhalten zu Ihrem Ruf als Mitarbeiter, Kollege oder Chef beiträgt.

Das Wichtigste sind eine gute Vorbereitung und Fingerspitzengefühl. Sie müssen sich das Problem bewusst machen – indem Sie eine Runde durch Ihre Kopfscheune drehen, Ihre Listen schreiben und Ihr Ja-Budget aufstellen –, *bevor* Sie überhaupt in die Situation kommen, jemanden zu verletzen. Und dann müssen Sie entsprechend handeln.

Wenn Sie zum Beispiel beschließen, dass Ihnen das alljährliche Firmenpicknick am Allerwertesten vorbeigeht, dann ... bleiben Sie zu Hause. Dafür kann man Sie nicht feuern, und Sie können die drei Stunden nutzen, um *Downton Abbey* zu schauen oder Zeit mit Ihren Liebsten zu verbringen. (Ach, wem mache ich was vor? *Downton Abbey* ist tausendmal besser.) Es muss kein anonymer Anruf mit einer Bombendrohung sein, damit das Picknick offiziell abgeblasen wird. Sagen Sie einfach frühzeitig und mit Bedauern ab.

Ganz ehrlich? Es interessiert eh niemanden, ob Sie kommen oder nicht; Sie sind immer so distanziert.

Wie Präsident Obama es vielleicht sagen würde: »Lassen Sie mich ganz deutlich sein.« Etwas, das mir immer wichtig war und mir auch immer wichtig sein wird, wenn es um das Thema Beruf geht – sei es angestellt im Verlag oder als in den Tag hinein lebende Freischaffende –, ist mein Ruf. Meine Zeit und Kraft sinnvoll einzuteilen, meine fachlichen Kompetenzen zu verbessern und Respekt für meine Arbeit zu ernten – all das sind Elemente, die zu meinem guten Ruf beitragen, der wiederum auf meiner Wichtig-Liste ganz oben steht.

Und wenn ich in dem Ruf stehe, keine Telefonkonferenzen abzuhalten? Nun, dann kritzeln Sie von mir aus einen blöden Spruch über mich an die Wand vom Männerklo mit meiner Telefonnummer daneben. Ist mir doch latte. (Allerdings kann ich nicht garantieren, dass ich rangehe!)

DIES IST KEIN
UNNÜTZER PAPIERKRAM

Wie gesagt, idealerweise sitzen Sie beim Erstellen Ihrer Listen auf einem Hartholzboden und streifen im Geiste durch Ihre Scheune, während Ihr Körper langsam von der Hüfte abwärts taub wird und Sie den totalen Overkill erleben. Für die Liste der Kategorie »Arbeit« allerdings wäre ich bereit, eine Ausnahme zu machen, falls Sie diese Liste auch *während eines Meetings* anfertigen können. Meetings, ich scheiß auf euch!

Vergessen Sie nicht, die Kategorie »Arbeit« beinhaltet verschiedene Unterkategorien wie »Chefs«, »Kollegen«, »Büropolitik«, »Meetings«, »Memos« etc. Die Kategorie »Kollegen« wiederum kann weitere Unterkategorien wie »Gefühle«, »Geburtstage« und »kranke Haustiere« enthalten.

Stellen Sie sich vor, an den Wänden Ihrer Scheune stünde eine Reihe zerbeulter alter Blech-Aktenschränke. Reißen Sie jede Schublade heraus, eine nach der anderen, und machen Sie eine Liste sämtlicher Dinge, die Sie darin finden.

Dann (und erst dann) können Sie sich Kategorie 3 zuwenden: »Freunde, Bekannte und Fremde«.

EINE BEMERKUNG ZUM
THEMA SCHWIERIGKEITSGRAD

Wie bei Hurrikans werden auch die vier Kategorien des potentiellen Ja-Sagens mit höherer Zahl immer tückischer. Ich traue Ihnen zu, dass Sie diese Tücken meistern, aber nur für den Fall, dass Sie Angst vor Kategorie 3 haben, lassen Sie sich gesagt sein, dass es dabei um *extrem* praktische Dinge geht.

Falls Sie jemals auf Ihrer Couch gesessen und darüber nachgegrübelt haben, wie Sie es anstellen sollen, in allerletzter Minute den Poetry Slam Ihrer Freundin abzusagen, sollten Sie sich sogar *freuen*, dass wir jetzt zu Kategorie 3 kommen. Anfangs mag es Ihnen ein bisschen ungemütlich erscheinen, aber einer Rap-Version der *Ilias* zur Titelmusik der *Sesamstraße* zu lauschen, während Ihre Blase kurz vor dem Platzen ist, weil Sie sich zuvor vier Gläser warmen Pinot Grigio hinter die Binde gegossen haben, um die Tortur überhaupt durchzustehen – das ist auch ungemütlich.

ASPEKTE MEINER ARBEIT, AUF DIE ICH SCHEISSE,
UND SOLCHE, DIE MIR WICHTIG SIND

FREUNDE, BEKANNTE UND FREMDE

Wir lieben unsere Freunde. Deshalb *sind* sie ja unsere Freunde. Aber zwischenmenschliche Beziehungen sind vielschichtig, und manchmal gehen Freunde ihren Freunden auch auf die Nerven. Ich tue das andauernd, zum Beispiel wenn ich mich betrinke, mir dann irgendwelche Gegenstände auf den Kopf lege und meine Freunde zwinge, Fotos davon zu machen. Mir ist bewusst, dass das nervig ist, aber hey, vielleicht sollten sie sich einfach aus dem Staub machen, bevor ich mein fünftes Glas Wein intus habe!

Genau solche Szenarien sind der Grund, weshalb es wichtig ist, eine Strategie dafür zu entwickeln, zu Freunden nein zu sagen, vor allem wenn es um Konflikte geht, die eine Freundschaft stark belasten – oder schlimmstenfalls zerstören – können.

Die Sache ist die: Andere Menschen stellen jede Menge ihres *eigenen* Gerümpels in *Ihrer* Scheune ab. Einige Dinge lagern dort nur vorübergehend, andere setzen schon seit Jahren in einer Ecke Staub an. Die Frage ist: Wie ist der ganze Kram da überhaupt reingekommen?

Ach ja, stimmt. Sie haben das Scheunentor aufgemacht.

GRENZEN SETZEN

Wenn Sie einen Zustand erreichen wollen, in dem Sie zu Freunden, Bekannten und sogar Fremden nicht länger wahllos ja sagen, müssen Sie Grenzen um Ihre Scheune ziehen.

Diese Grenzen können unsichtbar sein, wie die elektrischen Zäune, die Leute um ihre Grundstücke herum aufstellen, damit ihnen die Haustiere nicht ausbüxen. Hierfür ein Beispiel: Sagen wir, dass jedes Mal, wenn Sie ein bestimmtes befreundetes Pärchen besuchen, dessen riesiger, sabbernder Köter versucht, Sie an den Eiern zu lecken, als wären die aus Chappi. Folglich vermeiden Sie es, Ihre Freunde zu besuchen, damit Sie nicht wegen ihres eierleckenden Köters von ihnen genervt sein müssen. Sie hassen das sabbernde Vieh, aber das möchten Sie Ihren Freunden natürlich nicht sagen, da Sie befürchten, damit ihre Gefühle zu verletzen. Sie sind so unglaublich rücksichtsvoll! Was tun Sie? Sie ziehen eine private – das heißt für Ihre Freunde unsichtbare – Grenze: Sie laden die beiden nur noch zu sich nach Hause ein oder schlagen einen neutralen Ort für ein Treffen vor, an dem Ihren Eiern keine Gefahr droht. Und wenn die beiden Sie zu sich nach Hause eingeladen haben, bekommen Sie vielleicht gerade an dem Abend Bauchschmerzen ...

Es ist nichts Verwerfliches daran, hin und wieder eine Magenverstimmung vorzutäuschen, um eine Freundschaft zu erhalten.

Manchmal aber sind Ihre Grenzen auch deutlich sichtbar, etwa so wie ein Warnschild mit der Aufschrift BETRETEN VERBOTEN oder dieser schicke gerollte Klingendraht, den man oben auf Gefängnismauern sieht.

In der ersten Entwicklungsphase der NotSorry-Methode wurde ich mit dem Pub-Quiz-Problem konfrontiert. Ich habe eine Gruppe von Freunden, die es liiiiiieben, zum Pub-Quiz zu gehen. In Williamsburg! (Für diejenigen, die es nicht wissen: Williamsburg in Brooklyn ist die reinste Hipster-Hölle – nichts als Schnauzbärte und leere Craftbeer-Dosen.) Sie baten mich immer wieder, mitzukommen, und ich erfand jedes Mal eine lahme Ausrede. Dann musste ich mich hinterher genau an die Ausrede erinnern, um nicht dabei ertappt zu werden, wie ich während des Pub-Quiz auf Facebook Nachrichten à la »MACHE JETZT EIN SCHÖNES NICKERCHEN« postete.

Doch sobald ich mich der NotSorry-Methode verschrieben hatte, hörte ich auf, mir das Gehirn nach immer neuen Ausflüchten zu zermartern – und dann meine Social-Media-Einträge zu zensieren, um nicht beim Lügen erwischt zu werden. Stattdessen antwortete ich, als ich das nächste Mal gefragt wurde: »Weißt du was? Ich gehe zu keinem Pub-Quiz, und ich stehe auch nicht auf Williamsburg, und deshalb wird meine Antwort immer nein lauten, egal, wie oft du fragst. Ich wollte das einfach mal ganz klar sagen, damit dieses ewige Kabukitheater aus Einladungen und Bedauern ein Ende hat.«

Ich hatte meinen Zaun aufgestellt und meinen Klingendraht gespannt, und siehe da: es klappte wie am Schnürchen!

Machen Sie sich Sorgen, dass Ihre Freunde wütend auf Sie sein könnten, wenn Sie ihnen auf höfliche Art und Weise die Wahrheit sagen? Dann sorgen Sie sich zu viel. Das Schöne an der NotSorry-Methode ist, dass Sie sich keine Sorgen machen *müssen*, weil Sie die Gefühle und Meinungen aller – auch Ihre eigenen – berücksichtigen, bevor Sie handeln.

Seit meine Freunde die Wahrheit kennen, fühle ich mich Befreit mit einem großen B. Ich war ehrlich und höflich, niemand wurde in seinen Gefühlen verletzt, und deshalb musste ich mich auch für nichts entschuldigen. Ich war im wahrsten Sinne des Wortes *not sorry*.

Außerdem – und das ist ein großes Plus – musste ich nie mehr zum Pub-Quiz nach Williamsburg.

Diese Beispiele waren recht simpel und einleuchtend. Aber wir fangen ja auch gerade erst an. Es wird noch reichlich Punkte auf Ihrer »Freunde«-Liste geben, die ein komplexeres Vorgehen erfordern. Das ist der Grund, weshalb ich auch Bekannte und Fremde in die Kategorie 3 aufgenommen habe. Wenn Sie Probleme haben zu entscheiden, ob Sie Interesse an der Scheidungsparty einer Freundin oder an der vollkommen unbedeutenden Verletzung einer anderen haben, über die die Betreffende nicht aufhört zu jammern (Knöchel verdrehen sich, Susan, so ist das nun mal mit Knöcheln!), können Sie die Methode zunächst an einer schwatzhaften Nachbarin oder einem Kassierer im Supermarkt ausprobieren und sich dann langsam zu Ihren Liebsten hocharbeiten.

Und das führt mich zu …

WERBUNG, SPENDEN UND DARLEHEN, OJE!

Dieses Thema haben wir bereits im Zusammenhang mit Gail aus dem Marketing flüchtig gestreift, allerdings kommt die Bitte um Geld in Gestalt einer Spende für einen wohltätigen Zweck oder ein privates Herzensprojekt – manchmal sogar ein Bardarlehen – unter Freunden noch weitaus häufiger vor. Sie wissen bestimmt, wovon ich rede:

eine Benefizveranstaltung für hundert Dollar pro Nase zu Ehren eines politischen Kandidaten, der schon bald wieder in der Versenkung verschwinden wird; ein Fünfzig-Dollar-Sponsoring für die Sternfahrt gegen Adipositas bei Katzen; fünfundzwanzig Dollar für eine Kickstarter-Kampagne, weil jemand es sich in den Kopf gesetzt hat, »das perfekte Kazoo« zu bauen.

Sie können Kickstarter (und Indiegogo, PledgeMusic, GigFunder, RocketHub, GoFundMe und all die anderen Crowdfunding-Plattformen) natürlich auf Ihre Scheiß-drauf-Liste der Kategorie 1 (»Dinge«) setzen; allerdings ist die Bitte um finanzielle Zuwendung ja immer auch mit einer Person verbunden. Sie kann von einem engen Freund kommen, von einer Bekanntschaft aus den sozialen Netzwerken oder, in vielen Fällen, von einem Fremden, mit dem Sie einen Freund gemeinsam haben, der die Anfrage aus schlechtem Gewissen an Sie und hundert andere ahnungslose Trottel weitergeleitet hat. Diese Dinge gehören in Kategorie 1 mit aufsteigender Tendenz – äußerst tückisch.

Ich will solche Anfragen, die normalerweise in gutem Glauben erfolgen, keinesfalls pauschal abwerten. Doch obwohl es sicher zahlreiche wichtige Anliegen, gemeinnützige Organisationen und Erfindungen gibt, die Ihr Geld und Ihre Unterstützung wert sind – ich habe selbst für viele gespendet –, **wage ich die Behauptung, dass sie unmöglich ALLE in Ihr Ja-Budget passen.**

Und das, lieber Freund/Bekannter/Fremder, ist der Grund, weshalb Sie dieses Buch lesen!

Das Internet hat glorreiche Innovationen wie Tinder und Online-Mah-Jongg hervorgebracht, aber es hat durch E-Mails, soziale Netzwerke und Crowdfunding-Websites in vielen von uns auch den Bettler und Hausierer zum Vor-schein gebracht. **Die virtuelle Welt macht es den Men-schen viel leichter und bequemer, Sie um Ihr Geld zu bitten.** Wenn die vielen Anfragen, die ich bislang bekom-men habe, mich nicht per E-Mail oder Facebook erreicht hätten, sondern in Gestalt eines lebendigen Menschen mit Klemmbrett und Gürteltasche zwecks Verwahrung der Barspenden, würde die Hälfte dieser Leute niemals gegen Katzen-Adipositas radeln oder das perfekte Kazoo konstru-ieren, darauf können Sie Gift nehmen.

Im Laufe eines Jahres habe ich beispielsweise folgende Spendenaufrufe in meinen Social-Media-Feeds und mei-nem E-Mail-Postfach vorgefunden: Spenden für die Aids-Forschung, Diabetes und Herzkrankheiten; Spenden für Pro Familia; finanzielle Unterstützung für einen Podcast, zwei Independent-Filme und drei Musik-CDs; Geld für die Forschung im Bereich vier unterschiedlicher Krebsarten; sowie Startkapital für diverse hanebüchene Geschäfts-ideen. **Einige kamen von guten Freunden, andere von Freunden von Freunden und wieder andere von mir gänzlich unbekannten Personen.**

Bevor ich den Weg zur Erleuchtung einschlug, habe ich viel zu viel wertvolle Zeit damit verbracht, mir Hirn und Seele zu zermartern, ob ich für einen oder alle dieser Zwecke spenden soll – und dann habe ich natürlich viel zu viel Geld ausgegeben. **Aber es waren nicht nur meine Zeit und mein Geld, die dabei draufgingen.** Ich habe auch jede Menge Nerven gelassen, weil ich mich fragte, wer da-von erfahren würde, ob ich gespendet hatte oder nicht, und was die Betreffenden dann von mir denken würden – ja, ich fragte mich sogar, ob ich mich vielleicht eines Tages auf einer Party mit ihnen darüber würde unterhalten müssen (mit vor Scham ob meines Geizes eingekniffenem Schwanz, versteht sich).

Schluss damit!

Mit Hilfe der NotSorry-Methode kann ich schnell und unkompliziert entscheiden, ob mir eine spezifische Anfrage wichtig ist und ob von meiner Entscheidung noch andere betroffen sind. Sodann handle ich meiner gefällten Entscheidung entsprechend auf ehrliche, höfliche Art und habe mehr Zeit, Energie und Geld für andere Dinge. Ich kann mein Scheunentor verriegeln und es nur aufsperren, um Dinge hineinzuräumen, für die ich a) Platz habe oder die ich b) gerne über Nacht, einige Wochen oder sogar für immer für jemand anders aufbewahren möchte.

Habe ich schon erwähnt, dass meine Methode sowohl simpel als auch lebensverändernd ist?

Fangen wir mit Fremden und Bekannten an und arbeiten uns dann Schritt für Schritt zu Freunden hoch.

Sagen wir, Sie bekommen eine Rundmail von einem entfernten Bekannten, der offenbar sein gesamtes Adressbuch ins CC gesetzt hat und Sie bittet, »nach eigenem Ermessen« zu spenden, weil sein alter Freund aus dem Pfadfinderlager Kapital braucht, um ... keine Ahnung ... Sonnenbrillen für Hunde zu entwickeln.

Im Rückgriff auf das, was Sie bereits gelernt haben, entscheiden Sie, dass dieser Posten auf Ihrem Ja-Budget zwar einen anderen Menschen betrifft, dies allerdings in eher indirekter Weise: Sie nehmen dem aufstrebenden Unternehmer (der für Sie ein totaler Unbekannter ist) ja nichts weg, Sie geben ihm nur lediglich nichts dazu.

Zweitens ist die Person, die Ihnen die Mail geschickt hat, lediglich ein entfernter Bekannter, kein enger Freund, deshalb werden Sie sich höchstwahrscheinlich nicht für

Ihre Entscheidung rechtfertigen müssen – oder **für Ihre abweichende Meinung** zu der Frage, ob die Welt Sonnenbrillen für Hunde braucht.

Drittens und letztens ist dies keine Situation, in der – sofern Sie richtig mit ihr umgehen – ein Mensch in seinen **Gefühlen** verletzt werden kann. Selbstverständlich sollten Sie nicht auf »Allen antworten« klicken und schreiben: *Sonnenbrillen für Hunde? Das ist die beknackteste Idee seit Baby Bangs*!* Es besteht kein Grund, wegen einer solchen Lappalie zum Arschloch zu werden. (Obwohl ich anmerken möchte, dass beide Ideen ziemlich beknackt sind. Wofür um alles in der Welt braucht ein sechs Monate altes Kind Extensions?)

Also, Schritt 1: Sie scheißen auf Hunde-Sonnenbrillen.

Ach ja? Und warum haben Sie die Mail dann nicht längst gelöscht, Sie Weichei? (Tut mir leid, das war zu einfach.)

Schön und gut, das war lediglich ein entfernter Freund eines entfernten Freundes. Was ist, wenn eine wirklich gute Freundin Sie bittet, für eine Sache zu spenden, die ihr sehr am Herzen liegt?

In einer solchen Situation müssen Sie wirklich ans Eingemachte gehen und Ihr gesamtes Instrumentarium herausholen. Kennen Sie Mr Miyagi, den weisen Mentor aus *Karate Kid*? »Auftragen, rechte Hand. Polieren, linke Hand. Auftragen, polieren. Einatmen durch Nase, ausatmen durch Mund. Auftragen, polieren« usw. (Mr Miyagi – das war ein Mann, der wusste, worauf es sich zu scheißen lohnt!)

Erste Frage: Ist Ihnen das Projekt Ihrer Freundin wirklich wichtig? Löst es, Sie wissen schon, Glücksgefühle in

---

* http://www.trendhunter.com/trends/hair-extensions-for-ba-bies-babybangs-give-instant-hair-to-bald-baby-girls.

Ihnen aus? Lautet die Antwort ja, und Sie können sich eine Spende (sowohl aus Ihrem Ja-Budget als auch aus Ihrem Geldbeutel) leisten? Dann gehen Sie mit Gott. Warum reden wir überhaupt noch darüber?

Aber wenn die Antwort nein lautet, fragen Sie sich, ob es möglich ist, den Wunsch Ihrer Freundin (ehrlich und höflich) abzulehnen, ohne ihre Gefühle zu verletzen. Abhängig davon, was für eine Person Ihre Freundin ist, könnte das einfach oder weniger einfach werden.

Werden Sie nach Ihrer Antwort-Mail nie wieder mit ihr darüber sprechen müssen? Dann gehen Sie zu Schritt 2 über, und scheißen Sie auf die Spende. Gehen Sie nicht über Los, und zahlen Sie nicht 4000 Dollar auf das Kickstarter-Konto Ihrer Freundin ein.

Oder besteht die Gefahr, dass Ihre Freundin bei Ihrer nächsten Begegnung das Thema scheinbar zwanglos auf den Tisch bringt? (»OMG, meine Kickstarter-Kampagne ist schon zu 17 % finanziert! KANNST DU DAS GLAUBEN WINKE-WINKE-MIT-DEM-ZAUNPFAHL?!«) In dem Fall sollten Sie in etwa Folgendes erwidern: »Das ist ja toll! Ich freue mich so für dich!«, während Sie gleichzeitig denken: *Ich werde nicht sagen, dass ich nicht gespendet habe, wenn du mich nicht direkt danach fragst, du Feigling.*

In solchen Situationen sind Sie wie ein Meister der chinesischen Kampfkunst Tai-Chi, der das Prinzip zugrunde liegt, die Kraft des angreifenden Gegners für sich zu nutzen, statt ihr Widerstand entgegenzusetzen. Man nimmt die Energie des Gegners auf und lenkt sie auf diesen zurück, so dass er im Grunde durch eigene Hand zu Fall kommt. **Mit anderen Worten: Sie können auf die passive Aggression Ihrer Freundin höflich mit Ihrer eigenen passiven Aggression reagieren und die Schlacht gewinnen,**

ohne dass Ihrer Freundin überhaupt klar ist, dass Sie gekämpft haben.

Wenn Ihre Freundin jemand ist, der sich nicht mit einer ausweichenden Antwort und alter chinesischer Philosophie beschwichtigen lässt, wird es ein bisschen kniffliger – aber nicht unmöglich! Jetzt müssen Sie nur mitten auf der Party Ihr Ja-Budget und Ihren Meinungen-vs.-Gefühle-Rechner herausholen und eine ehrliche, höfliche Antwort formulieren, z. B. dass Sie sich für sie freuen und auf Verständnis hoffen, wenn Sie kein Geld übrig haben, um es für die Verwirklichung der Träume anderer Menschen auszugeben.

Et voilà.

Na los! Sagen Sie es ruhig. Das überzeugt Sie nicht, stimmt's?

Sie sehen zwar ein, dass Sie auf diese Weise um eine Spende herumkommen, aber Sie glauben nicht wirklich, dass Sie sich so auch die unangenehmen Grübeleien darüber ersparen, was Ihre Freundin jetzt wohl von Ihnen halten wird und ob Sie ihre Gefühle verletzt haben?

Denken Sie etwa, das weiß ich nicht? Das habe ich alles schon erlebt, und genau deshalb habe ich noch einen Trick auf Lager, den ich Ihnen jetzt zeigen werde ...

PRINZIPIEN

Prinzipien sind eine hervorragende Methode, um Ihre Jas schnell, effizient und mit minimalem Verletzungsrisiko für die Gefühle anderer zu rationieren. (Ausnahme: Wenn Ihre Freundin ein total selbstbezogener Psycho ist, kann ich Ihnen auch nicht weiterhelfen – in so einem

Fall wäre möglicherweise eine Therapie keine schlechte Idee.)

Und so funktioniert's:

Wenn es etwas gibt, worauf ich scheiße, das sich jedoch in einer Grauzone befindet, wobei ich *möglicherweise* jemandes Gefühle verletzen könnte, und zwar unabhängig davon, wie höflich und ehrlich ich mein Nein vortrage, berufe ich mich ganz einfach auf das »Prinzipien-Argument«.

Und das geht so: »Ich spende prinzipiell nicht für Kickstarter-Kampagnen, denn wenn ich für eine Kampagne spende, habe ich das Gefühl, auch für alle anderen spenden zu müssen, was ich mir aber nicht leisten kann. Und Unterschiede machen möchte ich nicht, denn ich will nicht, dass jemand, den ich mag, denkt, er wäre mir weniger wichtig als jemand anders.«

Bingo!

Sie können sämtliche Bitten um Spenden für wohltätige Zwecke, Finanzspritzen, ja sogar Bardarlehen in diese Kategorie stecken, da sie üblicherweise auf ähnliche Art und von ähnlichen Personen gemacht werden und somit dieselben Prinzipien auf sie anwendbar sind.

Und jetzt noch einmal mit Gefühl:

»Ich _____ prinzipiell nicht für _____, denn wenn ich für einen _____, habe ich das Gefühl, für alle _____ zu müssen, was ich mir aber nicht leisten kann. Und Unterschiede machen möchte ich nicht, denn ich will nicht, dass jemand, den ich mag, denkt, er wäre mir weniger wichtig als jemand anders.«

Und jetzt stellen Sie sich vor, Sie wären der Empfänger dieser Botschaft. Mag sein, dass Sie im ersten Moment ein bisschen verschnupft sind – aber können Sie wirklich etwas dagegen sagen? Nein, können Sie nicht. Wenigstens nicht, ohne als Arschloch dazustehen. (Sehen Sie, was ich hier gemacht habe?) Und Sie sollten es auf gar keinen Fall *persönlich* nehmen. Ich habe da einfach ein Prinzip – das ist so ähnlich wie eine Meinung, nur weniger angreifbar, denn als menschliche Wesen sind wir darauf konditioniert, uns »Regeln« und »Grundsätzen« zu beugen.

Ich habe Ihnen doch gesagt, ich mache das nicht zum ersten Mal.

DINGE, DIE SIE VIELLEICHT
AUS PRINZIP ABLEHNEN

Junggesell/innen-Abschiede vor der zweiten Hochzeit
Schlichtweg unnötig und unpassend

Berufliche Gefälligkeiten für lau
Tut mir leid, aber sehe ich aus wie jemand, der sein Fachwissen, für das er acht Jahre an der Uni verbracht und 230 000 Dollar Schulden in Form von Studiendarlehen angehäuft hat, kostenlos zur Verfügung stellt?

Verabredungen zum Frühstück
Praktisch, wenn man Termine mit Nüchternen und Kleinkindern vermeiden will

Mehr als vier Stunden hin und zurück am selben Tag mit dem Auto fahren
»Rücken«

Karaoke

Es ist geradezu erschreckend, wie oft und auf wie unterschiedliche Weise ein persönliches Anti-Karaoke-Prinzip Ihnen den Arsch retten kann

»Etwas zum Büfett beisteuern«

Im Ernst, was denken sich manche Leute?

Dokumentarfilme

Das ist die häufigste Art von Film, die Ihre Freunde drehen werden, glauben Sie mir

Poetry Slams

Wenn Sie solchen Einladungen prinzipiell absagen, müssen Sie sich später nicht mit der Frage herumquälen, wie Sie in letzter Sekunde da wieder rauskommen

NEIN HEISST NEIN

Betrachten wir ein solches Prinzipien-Argument in Aktion:

Angenommen, ein guter Freund lädt mich ein, ihn zu einer Vernissage mit anschließender Diskussionsrunde in Anwesenheit des Künstlers zu begleiten. Ich mache mir wirklich so gar nichts aus Vernissagen – der bloße Gedanke daran weckt in mir den Wunsch, mir die Pulsadern mit einem Zahnstocher aufzuschlitzen, den ich gerade aus einem vertrockneten Käsehäppchen gepult habe –, aber dieser Freund ist sehr sensibel und liebt Kunst, und ich will ihn nicht kränken; deshalb teile ich ihm mit, ich würde aus Prinzip nicht auf Vernissagen gehen.

Womöglich senke ich dabei noch den Blick und erschauere sichtbar, damit die Botschaft auch wirklich ankommt. Vielleicht denkt er dann, ich hätte mich bei der letzten Vernissage mit Gonorrhö angesteckt. Über das Thema will niemand reden.

Meiner Erfahrung nach stellen die Leute nicht mehr viele Fragen, wenn man Ihnen mit dem Prinzipien-Argument kommt (vor allem, wenn man es mit einem gewissen Flair tut). Würde ich sagen: »Ach, weißt du, ich mag Vernissagen irgendwie nicht so«, wäre das bloß meine *Meinung*, und obschon sie einen Wert hat und ich sie selbstbewusst vertreten kann, lässt sich gegen Meinungen leichter argumentieren als gegen Prinzipien. Und womöglich müssten Sie sich auf folgende Diskussion einlassen, die Sie wertvolle Zeit und Energie kosten würde:

»Du magst keine Vernissagen? Warum nicht?«

»Na ja, ich finde sie immer ein bisschen langweilig, außerdem tun mir vom Rumstehen die Füße weh.«

»Aber du bekommst die einmalige Gelegenheit, unter Halogenbeleuchtung mit den Kunstwerken in Dialog zu treten!«

Zu allem Überfluss kommen dabei auch noch diese leidigen *Gefühle* ins Spiel.

»Mag ja sein, aber da ist es immer so stickig. Ich glaube, Leute aus der Kunstszene benutzen kein Deo.«

»Äh, was genau willst du damit sagen? Dass ich stinke? Gott, du bist echt so ein Arschloch, weißt du das? Du hättest doch einfach nein sagen können.«

»Hab ich doch, und dann hast du angefangen zu diskutieren. Dir ist schon klar, dass wir immer noch über das Thema reden, oder?«

Das Prinzipien-Argument ist bei einem solchen Szenario definitiv der beste Weg. Es hat etwas Mysteriöses an sich, den Leuten wird dabei ein wenig unbehaglich zumute, und in der Regel ersticken Sie damit jede Diskussion im Keim.

Und was noch besser ist: Ihr Prinzip ist Ihr Prinzip, deshalb können Sie es ergänzen, modifizieren oder aussetzen, wann immer Sie wollen – und niemand wird etwas dagegen sagen, denn alle haben Angst, *Ihre* Gefühle zu verletzen!

Das ist echte Ninja-Geschmeidigkeit. Mr Miyagi wäre stolz.

KLEIN, ABER OHO

Wir haben schon viel erreicht, nicht wahr? Wir haben einige knallharte Visualisierungs-Übungen durchgeführt, den Unterschied zwischen Gefühlen und Meinungen kennengelernt, haben uns in der Kunst geübt, darauf zu scheißen, was andere Leute denken, wir haben unser Ja-Budget erstellt und herausgefunden, was es mit dem Prinzipien-Argument auf sich hat (mein persönlicher Favorit). Ich kann förmlich spüren, wie die lebensverändernde Magie in Ihnen sprudelt.

Es wird Zeit, Ihnen einen richtig dicken Brocken hinzuwerfen.

Zu etwas nein zu sagen ist nicht immer einfach. Es ist zwar simpel, aber es fällt nicht immer leicht. Genau das ist der Grund, weshalb wir uns zunächst eine solide Grundlage in Form von Listen, Beispielen und nützlichen Konzepten erarbeiten, damit Sie für die harten Nüsse gewappnet sind.

Wie beispielsweise Kinder.

Die scheinen Freunde, Bekannte und Fremde nämlich in rauen Mengen zu haben.

(Ich rede nicht von Ihren Nichten und Neffen und Cousins und Cousinen und Kindern und Enkelkindern – die gehören alle in Kategorie 4 »Familie« und sind eine ganz andere Geschichte. Im Moment geht es mir um Kinder, *die nicht mit Ihnen verwandt sind.*)

Wenn Sie selbst keine Kinder haben, tun Sie sich vielleicht schwer, zuzugeben, dass Ihnen gewisse Dinge im Zusammenhang mit Kindern am Arsch vorbeigehen. Die Gefühle der Menschen in Bezug auf ihre Kinder sind so stark und tief verwurzelt (und gelegentlich auch irrational), dass es schwierig werden kann, korrekt vorherzusagen, ob Sie – in Ihrem Bestreben, ein Leben ohne Kleinkinder-Geburtstagspartys zu führen – jemandes Gefühle verletzen oder ob die betreffende Person Ihre Meinung akzeptieren wird.

All das ändert nichts an der Tatsache, dass Sie keine Lust darauf haben, sonntags um neun Uhr aufzustehen, um dabei zu sein, wenn sich ein Einjähriger Kuchen ins Gesicht schmiert. Trotzdem haben Sie (verständlicherweise) vielleicht noch Vorbehalte, zu Schritt 2 überzugehen, nämlich wirklich nein zu sagen.

Keine Angst. Dafür bin ich da.

Wie Sie möglicherweise bereits geschlussfolgert haben, bin ich, sagen wir mal, immun gegen den Charme von Kindern. Und aus langjähriger Erfahrung – und weil Eltern nach ein paar Flaschen Wein einer kinderlosen Freundin gerne ihre schändlichen kleinen Geheimnisse anvertrauen – **kann ich Ihnen sagen, dass selbst Eltern die Kinder anderer Leute oft scheißegal sind.**

Wie eine Mutter es formulierte: »Im Grunde geht es darum, Prioritäten zu setzen. Weil ich alle meine Energie und

Zeit meinem Kind zuleite, habe ich keine mehr für andere Kinder übrig, geschweige denn für die Frage, wie deren Eltern die Dinge handhaben.«

Nur um sicherzugehen, dass dieses Buch ein angemessenes Maß an lebensverändernder Magie für jeden bereithält, **habe ich im ganzen Land Eltern befragt, um herauszufinden, was IHNEN in Sachen Kinder am Arsch vorbeigeht und weshalb.**

Die Ergebnisse waren sehr erhellend, und ich werde sie zu gegebener Zeit mit Ihnen teilen.

Aber lassen Sie mich auch erwähnen, dass – wie kathartisch es auch für diese Eltern war (und es *war* kathartisch), mir von all den Dingen über Pipi und Schnulli zu erzählen, die ihnen scheißegal sind – es viele gab, die betonten, dass Kinder in vielerlei Hinsicht etwas ganz Wunderbares und jede Mühe wert seien.

Und genau das ist der Schlüssel: **zu den Dingen ja zu sagen, die Sie glücklich machen** – den Kleinen vorlesen, mit ihnen kochen oder spielen –, **und auf den ganzen Rest zu scheißen.**

Eine Mutter beschrieb, wie sie ihren eigenen Kindern beibringt, was wichtig und was unwichtig ist. »Weil ich in einer Familie voller Schuldgefühle aufwuchs, ist es mir umso wichtiger, unseren Kindern vorzuleben, dass sie ihre eigenen Entscheidungen treffen können; darüber was ihnen wichtig ist und wie sie ihr Leben gestalten möchten, ohne sich von Sorgen über die Zustimmung oder Ablehnung anderer beeinflussen zu lassen.«

Bravo!

Der vielleicht praktischste Kommentar kam von einer Mutter, die darauf hinwies, dass ein Kind einem selbst beim Treffen solcher Entscheidungen durchaus gute Dienste leisten könne: auch in Bezug auf das Arbeitsleben. Die Zufriedenheit dieses nagelneuen kleinen Menschenwesens kann manchmal der Auslöser dafür sein, dass man endlich aufhört, abends länger im Büro zu bleiben, sich zusätzliche Aufgaben aufbürden zu lassen und für alles und jeden in der Firma ein offenes Ohr zu haben. Es kann Sie außerdem dazu bringen, endlich gegenüber Vorgesetzten und Angestellten deutlich zu zeigen, was Sie zu leisten imstande und willens sind.

Mit anderen Worten: Dieses kostbare kleine Menschlein könnte Ihr erster Schritt auf dem Weg zur Umsetzung der NotSorry-Methode in Kategorie 2 »Arbeit« sein. *Bäm!*

Und nun präsentiere ich Ihnen ohne weitere Verzögerung:

DINGE, DIE SELBST ELTERN
SCHEISSEGAL SIND

Wie und wo und auf welchem Weg Ihr Baby zur Welt gekommen ist. Natürliche Vaginalentbindung ohne Schmerzmittel? Respekt. Kaiserschnitt? Da leiern Sie wenigstens nicht aus. Wassergeburt? Wem es gefällt. Leihmutter? Ist medizinischer Fortschritt nicht was Tolles! Die meisten Leute interessiert es einen Scheiß, wo Ihr kleiner Wonneproppen herkommt; Sie können also aufhören, Ihre PDA vor anderen zu rechtfertigen.

Ob Sie stillen oder nicht. Obwohl die Kommentare auf einigen Facebook-Pinnwänden etwas anderes suggerieren, stellte sich in meiner Umfrage heraus, dass die Mehrheit der Eltern sich lediglich für die Sauggewohnheiten ihres eigenen Sprösslings interessiert. Den meisten geht es echt völlig am Arsch vorbei, ob Ihr Neugeborenes einen guten Halt an Ihrer Brustwarze findet, wie aufgesprungen Ihre Nippel sind (oder auch nicht) oder ob das Immunsystem Ihres Kleinen möglicherweise Schaden nimmt, weil es mit der Flasche aufgezogen wird. Mach dein Ding, Mama!

Ferbern. Sie müssen es niemandem gegenüber rechtfertigen oder verdammen. Es schert keinen, *wie* Ihr Kind einschläft. Hauptsache, es schläft ... irgendwann!

Teilen. Die meisten Eltern wollen, dass ihre Kinder zu Menschen heranwachsen, die das Konzept des Teilens verstehen – genauso wie sie wollen, dass ihre Kinder nicht zu Serienmördern heranwachsen. Aber vielleicht sind manche Leute ein bisschen zu sehr darauf fixiert, die lieben Kleinen zum Teilen zu bewegen, wenn es konkret um *dieses* Spielzeug oder *jenes* Buch geht. Wie eine Mutter schrieb: »Na klar wäre es toll, wenn mein Sohn seinen Laster (mit Ihrem Sohn) teilen wollen würde; andererseits frage ich Sie ja auch nicht, ob Sie mir einen Schluck von Ihrem acht Dollar teuren Eiskaffee abgeben, wenn wir auf dem Spielplatz stehen, oder? Sie können mir noch so viele flehentliche/missbilligende/giftige Blicke zuwerfen, während Ihr Kind wegen eines Spielzeugs rumheult, das ihm nicht gehört – ich nehme mir währenddessen zehn Minuten Zeit, um in Ruhe meine SMS zu lesen, während *mein* Kind sich seelenruhig mit dem Spielzeug beschäftigt, das *ich* ihm gekauft habe.«

»Was die Experten sagen«. Eltern wissen Bescheid. Sie haben all die vollkommen widersprüchlichen Bücher, Artikel und Studien gelesen, bevor sie entschieden haben, ob sie ihrem Filius vor seinem fünften Geburtstag zehn Minuten iPad-Nutzung pro Tag erlauben sollen. Vielleicht interessiert es sie in dem Zusammenhang, was die Experten sagen, vielleicht auch nicht – in jedem Fall wollen sie es nicht noch einmal von *Ihnen*, einem waschechten Nichtexperten, hören.

Töpfchen-Training. Manche Eltern mögen das Gefühl von Kameradschaft oder Schadenfreude, das mit Gesprächen über das Trockenwerden von Kleinkindern einhergeht – sie fühlen sich dann weniger allein. Einige hoffen, ein paar gute Tipps abzugreifen, andere sonnen sich in dem Gefühl der Überlegenheit, weil sie selbst ein Kind haben, für das der Übergang von der Windel zum Porzellanthron reibungslos verlief. Doch im Großen und Ganzen gibt es nur sehr wenige Menschen auf der Welt, die sich dafür interessieren, wann, wo und unter welchen Begleitumständen ein Kind seine untere Hälfte entleert. Ekelhaft.

Mittagsschlaf, geregelter. Meine Forschungen zu diesem Thema haben ergeben, dass zahlreiche Eltern sich daran erinnern, dass sie selbst als Kinder immer und überall schlafen konnten. Und dennoch machen ihnen zeitgenössische Texte zur Kindererziehung glauben, dass Nickerchen nach einem ausgeklügelten Zeitschema stattzufinden haben, das in etwa so streng ist wie der Trainingsplan des rumänischen Olympiakaders im Kunstturnen. Dann, und nur dann, dürfen Sie darauf hoffen, dass IRGENDJEMAND IRGENDWANN JEMALS WIEDER SCHLAFEN WIRD. Eine vollkommen nachvollziehbare Sorge – aus gutem Grund gilt Schlafentzug als Foltermethode. Aber wissen Sie ... vielleicht müssen wir nicht *ganz* so ausgiebig darüber *reden*? Eine Mutter hat mir gesagt, dass sie jedes Mal, wenn ihre Freundinnen anfingen, sich über die Schlafenszeiten des kleinen John oder der kleinen Janie auszulassen, eigentlich viel lieber über Bücher oder Politik oder ihren jüngsten erotischen Traum oder Matthew McConaugheys Arme geredet hätte (die in besagtem Traum eine zentrale Rolle spielten.) *Also gut.*

»Ob irgendjemand der Ansicht ist, ich sollte es so lange weiter versuchen, bis ich endlich ein Mädchen bekomme, obwohl ich schon drei Jungs habe (oder andersrum).« Das habe ich von mehreren Müttern gehört. Mathematisch betrachtet, stehen die Chancen doch jedes Mal fünfzig-fünfzig, stimmt's? Also ... wollen die Leute, die diese alberne Frage stellen, Ihnen dann all die Babys mit dem falschen Geschlecht abnehmen, bis Sie irgendwann den Jackpot knacken?

Eltern, die sich gegenseitig übertrumpfen wollen. Niemand außer Ihnen interessiert sich dafür, was für GROSSARTIGE Arbeitsgemeinschaften die Schule Ihres Kindes anbietet (Robotik! Mandarin! Trapezakrobatik!) oder wie viele Hausarbeiten die Lehrer aufgeben oder wie oft Sie Ihre Kinder wann wohin kutschieren. Vor allem Nichteltern sind diese Dinge vollkommen schnurz; andere Eltern interessieren sich allenfalls dafür, wenn sie darüber nachdenken, ihre Kinder auf dieselbe Schule zu schicken, oder wenn sie eine Fahrgemeinschaft mit Ihnen bilden wollen.

Eltern! Wer hätte es gedacht? Jetzt geht es mir schon viel besser als vorher. Ich hoffe, bei Ihnen ist es ähnlich.

Um Kategorie 3 abzuschließen, habe ich noch einen altbewährten Rat für Sie, der vielleicht allem zuwiderläuft, was Sie bislang gelesen haben. Doch spätestens seit Nick Nolte vom *People Magazine* zum Sexiest Man Alive gekürt wurde, wissen wir ja, dass diese Welt keinem rationalen Plan folgt ...

MANCHMAL IST ES ERLAUBT, DIE GEFÜHLE ANDERER ZU VERLETZEN

Jetzt machen Sie doch nicht so ein entsetztes Gesicht! Es stimmt, dass ich bis jetzt streng dafür eingetreten bin, die Gefühle anderer als Messlatte anzulegen, wenn Sie entscheiden, ob Sie zu etwas ja oder nein sagen wollen, und – noch wichtiger – diese Gefühle immer im Hinterkopf zu haben, wenn Sie Schritt 2 der NotSorry-Methode anwenden. Ehrlichkeit, Höflichkeit, kein Arschloch sein: Sie wissen ja inzwischen, wie der Hase läuft.

Wenn es allerdings um Fremde aus der Kategorie 3 geht (oder auch um entfernte Bekannte), muss ich Ihnen eins sagen: Manchmal können Sie sich einfach keinen Kopf darum machen, wessen Gefühle verletzt werden, wenn Sie Ihr bestmögliches Leben leben wollen.

Auf etwas zu scheißen – und Ihre Jas für die wirklich wichtigen Dinge aufzuheben – ist ein sich ständig im Wandel befindender Prozess. Einige Ihrer Jas müssen Sie möglicherweise jeden Tag neu priorisieren. Und es wird eben auch Tage geben, an denen die verletzten Gefühle eines Fremden ein bisschen weiter unten auf Ihrer Prioritätenliste stehen.

Oder ganz weit unten.

Ich will nicht, dass Sie anfangen, Fremde zum Spaß mit beleidigenden Tweets zu überschütten oder auf die Straße gehen und Passanten ins Gesicht sagen, sie könnten Sie mal am Arsch lecken. Das hat nichts mit lebensverändernder Magie zu tun. Das ist einfach nur gemein.

Aber es werden Tage kommen, da werden Sie in der Tiefe Ihres Herzens spüren, dass es in Ordnung sein könnte, im Kontext des Nein-Sagens die Gefühle eines Menschen zu verletzen. Ökonomen nennen das Opportunitätskosten. Ich nenne das gesunden Menschenverstand.

SITUATIONEN, IN DENEN ES ERLAUBT IST, DIE GEFÜHLE ANDERER ZU VERLETZEN, WENN ES DARUM GEHT, NEIN ZU SAGEN

1. **Wenn Leute bei Ihnen klingeln und versuchen, Sie zu ihrem Glauben zu bekehren.** Sie müssen kein – ich wiederhole: *kein* – schlechtes Gewissen haben, wenn Sie ihnen die Tür vor der Nase zuknallen. Klar, selig sind die Sanftmütigen und so weiter. Aber in dem Fall ohne mich.

2. **Wenn sich bei Starbucks die Kundin vor Ihnen in der Schlange ums Verrecken nicht entscheiden kann und Sie es *wirklich* eilig haben.** Hiermit erteile ich Ihnen die Erlaubnis, sie zu fragen: »Sind Sie kurzsichtig? Ich kann Ihnen gerne das komplette Getränkeangebot vorlesen – ein Vorgang, der unmöglich länger dauern

kann als die Zeit, die wir bereits hier stehen und darauf warten, dass Sie eine ziemlich banale Entscheidung treffen.«

3. **Wenn die Dame oder der Herr auf der Bühne im Comedy-Club das absolute Gegenteil von komisch ist.** Höflichkeit ist eins; aber zwanzig Minuten lang lahme Witze und schales Bier ertragen – das ist zu viel verlangt. Er oder sie steht aus freien Stücken da oben, also muss er oder sie auch Gefühle aus Stahl mitbringen. Scheißen Sie auf diesen Mist; stehen Sie auf, gehen Sie, und blicken Sie nicht zurück.

4. **Wenn andere Frauen auf die Klobrille pinkeln.** Solche Monster sollten öffentlich an den Pranger gestellt werden. In meinem Ja-Budget gibt es keinen Posten für das Wegwischen von Fremdurin, damit ich mich auf eine öffentliche Toilette setzen kann. Und in der Hocke pinkeln kann ich nicht, dafür bin ich zu klein. Wenn ich Sie bei so etwas erwische, dann werde ich Ihnen nach draußen in die Bar/das Stadion/den Besprechungsraum/Festsaal folgen und Sie mir vorknöpfen. Also passen Sie bloß auf!

5. **Wenn der Passagier vor Ihnen im Flugzeug mit der Rückenlehne seines Sitzes Ihre Knie rammt.** Wenn mein persönlicher Distanzbereich Ihnen scheißegal ist, dann ist Ihrer mir auch scheißegal, Freundchen. Vielleicht verletze ich nicht Ihre Gefühle, aber ich trete Sie so lange in den Rücken, bis Sie Vernunft annehmen.

Also: Sie haben nun ausreichend Methoden an der Hand, um zu entscheiden, zu welchen Dingen, Personen und Vorkommnissen in der Kategorie 3 »Freunde, Bekannte und Fremde« Sie künftig ja sagen und auf welche Sie scheißen wollen. Jetzt wird es Zeit für Sie, sich auf den Hosenboden zu setzen, Ihre Scheune zu durchstöbern und Ihre Liste zu schreiben!

FREUNDE, BEKANNTE, FREMDE UND MIT SELBIGEN IN ZUSAMMENHANG STEHENDE DINGE, AUF DIE ICH SCHEISSE, UND SOLCHE, DIE MIR WICHTIG SIND

UND ... HABE ICH ÜBERHAUPT NOCH FREUNDE?

Ich habe mich eine Weile eher auf das Negative konzentriert, um Ihnen dabei zu helfen, zum Kern dessen vorzudringen, worauf Sie zukünftig vielleicht scheißen wollen. **Der eigentliche Zweck dieser Listen** – und des Durchstreichens der Posten, die nicht in Ihr Budget passen – **ist jedoch, die Dinge herauszufiltern, die Ihnen *wichtig* sind.** Worum es mir geht, ist, dass Sie sich mehr Zeit und emotionalen Freiraum schaffen, um Beziehungen und Aktivitäten zu pflegen, die Sie glücklich machen. Das ist die lebensverändernde Magie in aller Kürze.

In Teil IV werden wir all diese Gedanken zusammenführen, doch bis dahin liegt noch ein ganzes Stück Arbeit vor uns.

Jawohl: Es ist an der Zeit, die Scheunentore aus den Angeln zu reißen und der Mutter aller Ja-Fresser ins Auge zu blicken.

FAMILIE

Ach, die Familie.

Wo soll man da anfangen? Genau wie das Finanzamt scheint die Familie manchmal einzig zu dem Zweck zu existieren, einem das Leben sauer zu machen. Die Familie – samt ihrer Gruppenfotos, Hochzeiten, Bar- und Bat-Mizwas, Taufen, Super-Sweet-Sixteens, All-inclusive-Urlaube,

Gruppentherapie-Sitzungen, rechtspopulistischen Onkel, Geschwisterrivalitäten, Dramen und Fehden – verlangt gewissermaßen Ja-Sagen am Fließband.

So wie ein bestimmter (und manch einer würde behaupten, zu hoher) Prozentsatz Ihres Einkommens automatisch ans Finanzamt wandert, **so wandert ein gewisser Prozentsatz Ihrer Jas automatisch an die Familie.** Ganz abgesehen davon, scheinen die Konsequenzen des Ja- oder Nein-Sagens irgendwie schwerer zu wiegen als in den anderen drei Kategorien zusammengenommen. Es ist, als hätten wir Schiss, unsere Cousins könnten kommen und eine Finanzprüfung bei uns durchführen.

Warum ist das so?, mögen Sie jetzt fragen. Ich habe ein Wort für Sie: **Schuldgefühle.**

Sobald Sie Schuldgefühle haben, sind Sie beim Nein-Sagen schon gescheitert. Game over. Denn Schuldgefühle bedeuten, dass es Ihnen nicht gelungen ist, die Werkzeuge und Methoden, die ich Ihnen gezeigt habe, einzusetzen, und zwar so, *dass Sie am Ende glücklicher sind.*

Schuldgefühle sind keine angenehme Sache. Sie sind eher mit einem quälenden Juckreiz im Schritt vergleichbar, der einen quält, während man von lauter Menschen umgeben ist und man unmöglich die Hand in die Hose stecken kann, um sich (lebenswichtige) Erleichterung zu verschaffen. *So* sind Schuldgefühle.

Nein-Sagen sollte immer mit größerem Vergnügen, größerer Zufriedenheit und größerem Glück einhergehen. Nicht mit Juckreiz im Schritt.

Deshalb ist es besonders wichtig, die NotSorry-Methode zu studieren und jedes Werkzeug in Ihrem Koffer zu nutzen, um der familiären Schuld-Maschine den Stecker zu ziehen, bevor sie Sie einsaugt und wieder ausspuckt, so wie dieser skandinavische Auftragskiller es in *Fargo* mit der Leiche und dem Häcksler gemacht hat.

Sofern möglich, sollten Sie versuchen, ein solches Ende zu vermeiden.

Sie erinnern sich vielleicht, dass ich in einem vorangegangenen Kapitel ein wenig über Pflichtgefühle und ihren Zusammenhang mit der Familie gesprochen habe. Es ist eine allgemein anerkannte Wahrheit, dass Familienmitglieder oft denken, andere Familienmitglieder **hätten die Pflicht, sich für ihr Leben zu interessieren, einfach nur weil sie dieselbe DNA haben.**

Denken Sie eine Sekunde lang darüber nach. Ergibt das in Ihren Augen einen Sinn? Eben. In meinen auch nicht.

Einer der zentralen Grundsätze des Ja-Sagens sollte sein: **Wahlfreiheit über Pflicht.** Sie wollen in der Lage sein, frei zu entscheiden, wie Sie Ihre Zeit, Ihre Energie und Ihr Geld einsetzen, um in jeder Beziehung, Aufgabe, jedem Gegenstand oder Ereignis maximalen Lustgewinn zu erzielen. **Dinge, die Sie kontrollieren können vs. Dinge, die sich Ihrer Kontrolle entziehen.**

Es ist eine Binsenweisheit, dass man sich seine Familie nicht aussuchen kann. Sie sollten aber wenigstens aussuchen dürfen, *wie, wann und zu welchen Anlässen Sie mit Teilen derselben zusammentreffen.* Stimmt's?

Stimmt's?!?

Seufz!

Na ja, versuchen wir es wenigstens.

WENN EINE ZIGARRE NICHT EINFACH NUR EINE ZIGARRE UND EINE TEETASSE NICHT EINFACH NUR EINE TEETASSE IST

Sagen wir, Ihre Mutter, Gott segne ihr nostalgisches, mikromanagendes kleines Herz, versucht Ihnen das Royal-Heidelberg-Service ihrer Mutter (sprich, Ihrer Großmutter) aufzuschwatzen, und Sie wollen es partout nicht haben. Sie haben das Gefühl, dass es sich um eine Entscheidung handelt, die eigentlich nur Sie selbst betrifft, denn schließlich sind Sie diejenige, die das Service bei sich in den Schrank stellen und damit den Tisch decken muss, wenn Ihre Eltern zu Besuch kommen. Aber Sie wissen, dass in Wahrheit auch Ihre Mutter davon betroffen ist, denn die betrifft so ziemlich *alles*, was Sie tun. (Sie hat Sie unter Schmerzen auf die Welt gebracht.) Indem Sie sich weigern, dieses »Geschenk« von der Frau anzunehmen, die Sie einst durch ihre zarte junge Zervix presste, werden Sie mit an Sicherheit grenzender Wahrscheinlichkeit ihre Gefühle verletzen.

Nun ist es Zeit für den großen Kampf: Meinungen vs. Gefühle. Richtig?

Tja. Obwohl es streng genommen nur die *Meinung* Ihrer Mutter ist, dass Ihnen das Familienporzellan am Herzen liegen sollte, kann sie dies nicht von ihren Gefühlen für ihre Mutter (Ihre Großmutter) trennen. Dabei spielt es keine Rolle, dass selbige Großmutter niemals erfahren wird, wer ihre Teetassen hat, weil sie bereits verstorben ist. (Mein Beileid.)

Sie spielen also mehrere Szenarien im Kopf durch und

119

kommen zu dem Schluss, dass Sie vor einem unlösbaren Problem stehen, denn selbst wenn Sie ehrlich und *ultra*höflich sind, wird sich Ihre Mutter in ihren Gefühlen verletzt sehen – Sie können nicht gewinnen. Sie beschließen also, in den sauren Apfel zu beißen und so zu tun, als würden Sie sich über das Service freuen.

Frust ist etwas ganz Normales, wenn es um die Familie geht. Man möchte einfach nur seufzen und sich dem Schicksal beugen, denn: PFLICHT! und SCHULDGEFÜHLE!!

Ich bin hier, um Ihnen zu sagen, dass es Alternativen gibt.

Selbstverständlich kann ich nicht versprechen, Sie komplett von Ihrer Neigung zu Schuldgefühlen im Zusammenhang mit Ihrer Familie zu kurieren – dafür wurde verschreibungspflichtiges Benzodiazepin erfunden –, dennoch wird dieser Teil des Buches Ihnen dabei helfen, festzustellen, welche Aspekte Ihres Familienlebens wirklich wichtig und/oder nicht verhandelbar sind. Sicher, manchmal werden Sie nach wie vor die Zähne zusammenbeißen und wider Willen ja sagen müssen; aber in solchen Fällen kann ich Ihnen immerhin zeigen, wie Sie Ihre Jas so organisieren, dass Sie aus einer mittelmäßigen Situation das Beste für sich herausholen. Vergessen Sie nicht: Sie sind ein *Teil* Ihrer Familie. Auch Sie haben das Recht, glücklich zu sein.

UMFRAGEN BELEGEN ...

Wie sich herausstellt, denken viele Menschen in Sachen Familie ähnlich. Das weiß ich, weil ich eine anonyme Umfrage zu dem Thema durchgeführt habe. Darin habe ich die

Leute gebeten, das Familienthema zu benennen, das ihnen am meisten am Arsch vorbeigeht. Sogar ich war verblüfft, wie stark die Antworten einander ähnelten. (Habe ich es Ihnen nicht gesagt? Die Familie ist ein verdammtes *Minenfeld.*)

Also, spielen wir unsere ganz eigene Variante der beliebten Quizshow ... FAMILIENDUELL!

Die Frage in meiner Umfrage lautete: »Nennen Sie etwas im Zusammenhang mit Ihrer Familie, das Ihnen am Arsch vorbeigeht.« Im Folgenden habe ich die sechs häufigsten Antworten zusammengestellt – aufsteigend, wegen der Dramaturgie.

6) DIE TATSACHE, DASS WIR DEMSELBEN STAMM-BAUM ENTSPRINGEN – ALS HÄTTE DAS IRGEND-EINEN EINFLUSS DARAUF, WAS DU VON MIR EIN-FORDERN DARFST

Vor etwa fünf Minuten habe ich noch vollmundig erklärt, dass es überhaupt keinen Sinn ergibt, sich einer Person allein aufgrund einer genetischen Verbindung verpflichtet zu fühlen. (Ausnahme sind die eigenen Kinder, für die man verantwortlich ist, weil man sie in die Welt gesetzt hat – wenigstens bis sie alt genug sind, um für sich selbst zu sorgen.) Vielleicht *glauben* Sie, zu etwas verpflichtet zu sein. Aber das ist ein Irrtum. Und viele Menschen scheinen das bereits zu wissen, insofern besteht eventuell noch Hoffnung.

5) ERZWUNGENES BEISAMMENSEIN/ »MÖGEN« ALLER FAMILIENMITGLIEDER

Jeder Einzelne von uns ist so wunderschön und einzigartig wie ein Schneekristall. Keine zwei Menschen sind gleich, nicht mal eineiige Zwillinge! (Das ist die Wahrheit; schlagen Sie es nach.) Wieso in Geminis Namen wird dann von uns erwartet, dass wir einander *immer* mögen und ständig aufeinanderhocken wollen? Familienmitglieder, die ungewolltes Zusammensein unter Geschwistern oder Cousins oder Enkeln forcieren, selbst wenn diese sich nicht grün sind, sagen offensichtlich zu den falschen Dingen ja.

4) GRUPPENFOTOS

Ich hatte nicht damit gerechnet, diesen Punkt so weit oben auf der Rangliste zu finden, aber Junge, Junge: Die Leute da draußen scheinen einen regelrechten Hass auf Gruppenfotos mit Verwandten zu haben. Der Hauptpunkt scheint hierbei zu sein, dass den wenigsten das Foto an sich wichtig ist. Sie sehen es am nächsten Tag auf Facebook, klicken pflichtschuldig auf »Like« und haben es gleich danach wieder vergessen. Wir leben nicht länger in einer Welt, wo die Menschen ihre Freitagabende damit verbringen, Martinis zu schlürfen und Fotoalben durchzublättern. (Hat überhaupt einer jemals in dieser Welt gelebt?) Zu der Gleichgültigkeit für das Foto selbst kommt – darauf deuten zahlreiche der eingegangenen Antworten hin –, dass solche Fotos oft »in allerletzter Minute« gemacht werden (solche Überfallaktionen mag keiner) oder dass man sich dafür »ähnlich kleiden« soll. (Wer will schon aussehen wie die Mitglieder einer australischen Shampoo-Dynastie*?) Das ist eine Frage der Demokratie: Wenn ein Großteil der Familienmitglieder nicht für ein offizielles Familienfoto posieren will, müssen eben notgedrungen ALLE stark sein und darauf verzichten. Mehrheitsentscheidung!

3) EREIGNISSE AUS GRAUER VORZEIT

Geschwisterrivalitäten, intrafamiliäre Fehden, kleinliche Zänkereien und DRAMA!!! – diese Antworten waren in meiner Umfrage in etwa so häufig anzutreffen wie Kartoffelsalate nach »Geheimrezept« auf einem Familienpicknick. Es ist ziemlich eindeutig, dass es niemanden einen feuchten Dreck interessiert, wer irgendwann mal was gesagt hat, wessen Schuld es war oder wen von uns Mom lieber hat. (Hi, Tom! Danke, dass du mein Buch liest.)

2) ANTIQUIERTE FEIERTAGSRITUALE UND ANDERE FAMILIENTRADITIONEN

Familien befinden sich im stetigen Wandel: Sie wachsen, Verwandte segnen das Zeitliche ... und genauso sollte es auch mit Traditionen sein. Trotzdem scheinen viele von uns, was alljährlich wiederkehrende Familienveranstaltungen, längst überholte Feiertagsrituale oder gemeinsame Feriengestaltung angeht, in einer Dauerschleife à la

---

* Bin ich die Einzige, die sich an diese verstörenden Werbeanzeigen für Aussie-Haarprodukte erinnert?
http://www.impawards.com/1975/shampoo.html

Und täglich grüßt das Murmeltier gefangen zu sein. Zu Weihnachten etwa gibt man alle Jahre wieder nicht nur Unsummen an Geld für Geschenke aus, sondern vor allem eine unglaubliche Menge an Zeit und Nerven. Für religiöse Feiertage wie Weihnachten, Ostern oder Hanukkah gilt: doppeltes Dogma, doppelte Jas. Diese rustikale Hütte, die Ihr Vater seit 1986 jedes Jahr zu Ostern mietet? Nach nunmehr dreißig Jahren ist sie so baufällig, dass es angenehmer wäre, das Wochenende mit Ihren Kindern in der Notaufnahme zu verbringen und darauf zu warten, dass ihnen jemand eine Tetanus-Spritze reinjagt. Genau wie der Grundsatz »Dass wir verwandt sind, bedeutet nicht zwangsläufig, dass ich mich für X interessieren muss«, gilt auch hier: Nur weil Ihre Familie es *immer* so gemacht hat, heißt das nicht, dass es bis in alle Ewigkeit so weitergehen muss. Eine anderslautende Meinung, respektvoll, mit Ehrlichkeit und Höflichkeit vorgebracht, kann hier Wunder wirken. Und wenn gar nichts mehr geht, bleibt Ihnen immer noch das Prinzipien-Argument gegen rustikale Hütten.

**UND ZU GUTER LETZT ... TROMMELWIRBEL, BITTE!
... DIE HÄUFIGSTE ANTWORT AUF
DIE FRAGE »NENNEN SIE ETWAS IM
ZUSAMMENHANG MIT IHRER FAMILIE,
DAS IHNEN AM ARSCH VORBEIGEHT«.**

Um ganz ehrlich zu sein, gab es einen Gleichstand.

1) RELIGIÖSE UND POLITISCHE DIFFERENZEN

Dass diese beiden ideologisch aufgeladenen Themenfelder von den Teilnehmern meiner Umfrage wieder und wieder genannt wurden, bedeutet, dass sie es verdient haben, getrennt voneinander in guter alter NotSorry-Manier betrachtet zu werden.

Beginnen wir mit Religion. Das wird wie ein Exorzismus. Ein Arschorzismus, wenn Sie so wollen.

BIN ICH MEINES BRUDERS HÜTER?

Dies hier ist ein klassischer Fall von »zurück zu den Wurzeln«. Betrachten wir erneut jenen allerersten Schritt auf dem Weg zur NotSorry-Methode: sich nicht darum scheren, was andere Leute denken. Ihre religiösen Ansichten gehen Sie und *nur* Sie etwas an – dasselbe gilt für Ihre Tante Jennifer in all ihrer Baptisten-Herrlichkeit. Halleluja! Sie hat ihre Ansichten, Sie haben die Ihren. Wenn Sie, was solche Meinungsverschiedenheiten angeht, ehrlich und höflich sind und darum bitten, innerhalb der Familie keine Diskussionen über religiöse Fragen mehr zu führen, sind Sie kein Arschloch. Vielmehr sind Sie die Stimme der Vernunft, und wenn sich irgendjemand in seinen Gefühlen verletzt fühlt, können Sie nichts dafür.

Warten Sie, ich mache es wie Robin Williams in *Good Will Hunting*:

Sie können nichts dafür.

Sie können nichts dafür.

Sie können nichts dafür.

Wenn Tante Jennifer also das nächste Mal eine wenig subtile Bemerkung darüber macht, dass Sie mit Ihrem Freund/Ihrer Freundin in Sünde leben, wischen Sie sich seelenruhig die Eier Benedict vom Kinn und sagen Sie: »Ich respektiere deine Meinung, Tantchen, aber mir wäre es lieber, wenn wir unsere unterschiedlichen religiösen Auffassungen jetzt nicht diskutieren würden. Schließlich sind wir auf Mimis und Paw-Paws goldener Hochzeit.«

Wie ehrlich und höflich war das denn, bitte? Sie sind *so* was von nicht das Arschloch hier.

Versuchen Sie es einfach. Sie werden staunen, wie gut es funktioniert. Oder zumindest werden Sie staunen, wie groß der Überrumpelungseffekt ist. Tantchen wird *nichts* darauf zu erwidern wissen – allenfalls ein nervöses Kichern von sich geben und eine bis zur Unkenntlichkeit dünngezupfte Augenbraue hochziehen.

Die Macht der Ehrlichkeit kann gar nicht hoch genug eingeschätzt werden. **Es wird Sie ungleich mehr Zeit und Energie kosten, wenn Sie stattdessen versuchen, um den heißen Brei herumzureden. Gott, allein die Redewendung klingt schon unangenehm.**

Die Sache ist die: Ich vermute, Sie haben diese Methode noch gar nicht ausprobiert, weil Sie zu sehr in der **Pflicht/Scham/Schuldgefühle-Spirale** gefangen sind. Sie sind schwach, fühlen sich handlungsunfähig und sind daher bereit, sich zwanzig kostbare Minuten lang wegen Ihrer (ggf. nicht vorhandenen) religiösen Überzeugungen grillen zu lassen (und dabei innerlich vor Wut zu kochen), nur um das zu vermeiden, was Sie als noch unangenehmere Konfrontation betrachten.

Würde es nicht guttun, einfach freiheraus zu sagen, was

Sie meinen, und das zu meinen, was Sie sagen? Einfach ... den Leuten das zu tun, was Sie wollen, dass die Leute Ihnen tun? So steht es schließlich in der Bibel.

STIMMEN SIE MIT »NEIN«

Um zu veranschaulichen, wie sehr ich an die NotSorry-Methode glaube und wie gut sie für mich funktioniert, werde ich Ihnen eine Geschichte aus meinem Leben erzählen. Die Namen wurden zum Schutz der Identität einiger Familienmitglieder geändert, doch ich versichere Ihnen, dass sich die Handlung genau so zugetragen hat. Diejenigen, die in der folgenden Geschichte vorkommen, werden vielleicht eines Tages dieses Buch lesen und sich wiedererkennen, aber sie müssen sich nicht schämen. Bei NotSorry geht es darum, sein bestmögliches Leben zu leben – und sie wollen genauso wenig Opfer meines politischen Selbstdarstellungstriebs werden wie ich Opfer des ihren.

Anders als bei einer Wahl ist hier am Ende jeder ein Gewinner!

Eines Abends kamen mein Mann und ich mit zwei Familienmitgliedern zu einem wunderschönen Abendessen zusammen. Bei einem Teller mit köstlichen frittierten Meeresfrüchten kam die Sprache auf unseren (zu dem Zeitpunkt noch amtierenden) Präsidenten und die Echtheit beziehungsweise Vollständigkeit seiner Geburtsurkunde. Anschuldigungen wurden erhoben, gegensätzliche Meinungen wurden vertreten; doch bevor das Ganze in eine lange, ermüdende Debatte ausufern konnte, sah ich besagten Familienmitgliedern jeweils tief in die Augen und sagte:

»Dick, Jane, ich liebe euch, aber diese Diskussion werden wir nicht weiterführen.« Dann wandte ich mich an meinen Ehemann – der meine politischen Ansichten teilt, sie aber mit meines Erachtens viel zu großer Begeisterung vor anderen ausbreitet – und sagte:»Ich meine es ernst.«

Es gab nicht mal einen Hauch verletzter Gefühle. Wir wechselten das Thema, lachten zusammen, schleckten uns die Sauce Tartar von den Fingern und gingen dann in die Nacht hinaus.

SO sollte ein Familienessen ablaufen. Und so *kann* es auch ablaufen, wenn Sie Ihre Jas entsprechend budgetieren.

Ein Ende mit Tränen – was nun???

Was ich versucht habe zu kommunizieren, indem ich Ihnen meine Methode erläutert und immer wieder betont habe, wie wichtig es ist, ehrlich *und* höflich zu sein, ist Folgendes: Wenn die NotSorry-Methode guten Wissens und Gewissens angewendet wird, sind Tränen statistisch gesehen unwahrscheinlich. Sicher, es besteht immer die Möglichkeit, dass etwas schiefläuft, aber die Möglichkeit, dass Sie eine ganz neue Phase reduzierter Konflikte und gegenseitigen Respekts unter Ihren Verwandten einläuten, ist bedeutend größer.

Und wenn Ihre Familie aus lauter hysterischen Heulsusen besteht, wollen Sie dann ernsthaft weiterhin von denen zum Essen eingeladen werden?

SCHÄMEN SIE SICH! NICHT.

Scham grenzt aus, und Schuldgefühle sind eine direkte Folgeerscheinung von Scham. Ich stelle nun meine Forschungsergebnisse vor, um Ihnen zu zeigen, **dass Sie nicht alleine sind.** Zahlreiche Menschen auf der ganzen Welt haben an meiner Umfrage teilgenommen und bewiesen, dass sie in Bezug auf zentrale familiäre Streitpunkte ähnlich denken: Sie scheißen darauf.

Was bedeutet, dass es durchaus möglich und sogar wahrscheinlich ist, dass sich weitere Mitglieder Ihrer Familie genauso ärgern wie Sie, wenn Onkel Jim das Weihnachtsessen als seine persönliche Bühne missbraucht oder Cousine Renée allen Gästen bei der Hochzeitsprobe Kabbala-Armbänder aufzwingt.

Und wenn Sie nicht allein sind, besteht noch weniger Grund, sich für Ihre Entscheidung, auf etwas zu scheißen, zu schämen.

Zu mehreren ist man sicherer. Indem Sie also die Macht der Masse für sich nutzen, sind Sie besser gerüstet, um zu entscheiden, wann Sie wirklich auf etwas scheißen wollen, und dies dann auch mit Überzeugung zu tun.

FEIERTAGE: UNSERE PRINZIPIEN

Mein Ehemann und ich haben ein Prinzip in Bezug auf Thanksgiving, das uns bislang hervorragende Dienste geleistet hat. Bitte tun Sie sich keinen Zwang an. Stehlen und adaptieren Sie es ruhig für Ihren eigenen Gebrauch.

Wir haben drei verschiedene Gruppen von Verwandten, die wir jedes Jahr besuchen können. Anders als die Hauptfigur in *Orphan Black* können wir dabei nicht an drei Orten gleichzeitig sein. UND WIR HABEN KEINE LUST, SIE GEGENEINANDER AUSZUSPIELEN. Vor acht oder neun Jahren haben wir daher unseren Familien gesagt, dass wir fortan alle drei Verwandtschaftsteile jeweils im Wechsel besuchen und dafür eine Reihenfolge festlegen würden, von der es keinerlei Ausnahmen geben würde. Niemand bekommt eine Sonderbehandlung, nicht mal Tante Marie mit ihrem runden Geburtstag oder die Cousins, die im Internet supergünstig eine Kreuzfahrt für acht Personen gebucht haben (und uns brauchen, damit sie genügend Leute zusammenbekommen), oder weil irgendjemand eine neue Freundin hat, die er uns unbedingt vorstellen will. Wenn sie nächstes Jahr immer noch aktuell ist, kommen wir gern. Ich habe sogar mein fünfzehnjähriges Klassentreffen ausfallen lassen, weil es stattfand, als meine Schwiegereltern mit Thanksgiving an der Reihe waren (nicht, dass ich mich brennend für das Klassentreffen interessiert hätte, aber darum geht es nicht). Gnadenlos? **Sicher, aber niemand wird verletzt, und schon hat man etwas, wofür man an Thanksgiving aufrichtig dankbar sein kann.**

Also. Die Ziellinie ist in Sicht!

Wir sind fast am Ende unserer vier Kategorien angelangt, und wenn ich meinen Job richtig gemacht habe, spüren Sie bereits ein bisschen von der lebensverändernden Magie. Zumindest wurden Ihnen einige neue Techniken und Strategien vorgestellt, um aus Ihrem (Familien-) Leben das Beste zu machen. Und Sie können sich in Ihrer Haltung bestätigt fühlen, weil Sie wissen, dass es da draußen noch andere Menschen gibt, die genauso sind wie Sie und dieselben Dinge wollen (oder nicht wollen).

Doch bevor wir das Kapitel »Familie« abschließen, gibt es noch eine Unterkategorie, die wir unbedingt ansprechen müssen. Sie *schreit* geradezu nach unserer Aufmerksamkeit. Sie wissen, was (wen) ich meine.

SCHWIEGERFAMILIEN

Wissen Sie noch, was ich über Wahlfreiheit gesagt habe? Sofern Sie nicht in eine Kultur hineingeboren wurden, in der Ehen arrangiert werden, dürfen Sie sich Ihren Lebenspartner nach eigenem Gutdünken aussuchen. Was Sie sich hingegen nicht aussuchen können, sind Ihre Schwiegerfamilien. Wenn man das bei der Ehe auch noch mit berücksichtigen müsste, gäbe es in unserer Gesellschaft nur noch One-Night-Stands.

Ja, indem Sie heiraten, verdoppeln Sie mit einem Schlag die von Ihnen geforderten Jas. Das ist ein bisschen so, als würden Sie auf der Arbeit einen dicken, fetten Gehaltsbonus einstreichen. »Toll!«, sagen Sie – bis das Finanzamt kommt und fünfzig Prozent davon kassiert.

Schwiegerfamilien sind einfach Teil des Gesamtpakets; eigentlich wollten Sie nur den Mann/die Frau mit nach Hause nehmen, aber dann hat der Händler ungefragt noch ein paar Extras oben draufgelegt. Einige von denen können sich durchaus als nützlich erweisen, so wie Armlehnen mit eingebauter Becherhalterung auf der Rückbank; andere wiederum ... na ja.

Aber genau wie bei Ihrer eigenen Familie, die Sie sich ja auch nicht ausgesucht haben, ist es vollkommen akzeptabel, wenn Sie Ihre Jas für Dinge aufsparen, die Ihnen minimalen Frust (und maximale Freude) bringen, wobei Sie selbstverständlich allen Beteiligten mit Respekt begegnen.

Auf alle Fälle hilft es, wenn Sie und Ihr Partner, was Ihr gemeinsames Ja-Budget angeht, am selben Strang ziehen. Und wenn Sie sich darüber einig werden können, **zu teilen und zu herrschen.**

Zum Beispiel: Wenn ein Mitglied *Ihrer* Verwandtschaft heiratet, ein Baby bekommt, ein Jahr älter wird oder irgendeinen anderen Meilenstein in seinem Leben feiert, in dessen Rahmen üblicherweise Geschenke gegeben werden, sollten Sie derjenige sein, der Zeit und Energie auf den Erwerb selbigen Geschenks aufwendet. Ist das Geschenk für jemanden aus der Familie Ihres Mannes/Ihrer Frau bestimmt, sollte er oder sie sich darum kümmern. (Darf ich vorschlagen, dass Sie ganz einfach jedem eine Ausgabe dieses Buches schenken?)

An einer Tatsache führt so oder so kein Weg vorbei: Wenn Sie einen Haufen neuer Familienmitglieder dazubekommen, wird auch Ihr Ja-Budget um viele tägliche (oder halbjährliche) Ausgaben anwachsen. Doch bei genauerer Überlegung hat Ihre Schwiegerfamilie Sie ja auch dazubekommen. Mitsamt *Ihren* religiösen Überzeugungen, *Ihren* politischen Ansichten, *Ihren* Feiertagsritualen und *Ihrer* Abneigung, sich für Gruppenbilder farblich aufeinander abgestimmte Rollkragenpullover anzuziehen.

In der Frage, worauf Sie scheißen, haben Sie vielleicht mehr gemeinsam, als Sie ahnen!

Insofern können Sie mit Hilfe der NotSorry-Methode sogar eine Kettenreaktion in Gang setzen, die für alle Beteiligten zu mehr Glück und Harmonie – und weniger undifferenzierter Ja-Sagerei – führt.

FAST AM ZIEL

Dies ist das letzte Mal, dass Sie die Scheune in Ihrem Kopf betreten müssen. Die Familienstücke darin sind wahrscheinlich unter einer dicken Schicht Spinnweben und Bitterkeit vergraben. Sie haben mein vollstes Mitgefühl. Wie Christbaumschmuck nehmen sie die meiste Zeit des Jahres einfach nur Platz weg. Doch sobald Sie sie abgestaubt und ans Licht geholt haben, liegt der größte Teil der Arbeit hinter Ihnen.

Also schreiben Sie noch diese letzte Liste. Und geben Sie alles!

FAMILIENKRAM*, AUF DEN ICH SCHEISSE,
UND SOLCHER, DER MIR WICHTIG IST
(*einschließlich Schwiegerfamilien)

KONSOLIDIEREN SIE IHRE LISTEN

Na also! Inzwischen haben Sie alle nötigen Instrumente beisammen, um zu entscheiden, ob Sie zu etwas ja oder nein sagen wollen, und Sie haben Ihre potentiellen Jas in vier handliche Kategorien unterteilt. Sie sind durch Ihre Kopfscheune gewirbelt, haben mit Ihrer metaphorischen Taschenlampe in die dunkelsten Ecken geleuchtet und alles hervorgezerrt, was sich dort im Laufe der Jahre angesammelt hat ...

Aber nun haben Sie ja dieses Buch gelesen ...

Die Vollendung von Schritt 1 der NotSorry-Methode – entscheiden, wozu Sie ja sagen und worauf Sie künftig scheißen wollen – liegt in greifbarer Nähe.

Sie sollten jetzt für Ihre vier Kategorien vier vollständige Listen (sowie ein gewisses Taubheitsgefühl in Ihren unteren Extremitäten) haben. Die gute Nachricht ist, dass wir uns jetzt dem schönen Teil zuwenden können – Dinge von den Listen zu streichen!

Denken Sie dabei immer daran: zu einem Punkt auf der Liste ja zu sagen bedeutet, dass Sie Zeit, Energie und/oder Geld darauf verwenden. Indem Sie etwas von Ihren Listen streichen, also NEIN dazu sagen, gewinnen Sie im Umkehrschluss Zeit, Energie und/oder Geld für andere Dinge hinzu.

Als Erstes brauchen Sie einen dicken schwarzen Stift. Es gibt nichts Befriedigenderes, als Sachen mit einem dicken schwarzen Stift durchzustreichen. Man könnte ihn direkt als »Zauberstab« bezeichnen ...

Das ist kindisch, ich weiß, aber ich konnte einfach nicht widerstehen.

Dann, während Sie ein letztes Mal mit Ihren Listen – der materiellen Manifestation Ihrer Kopfscheunen-Entrümpelungstour – auf dem Boden Platz nehmen, überlegen Sie, welche Punkte bei Ihnen Lust und welche Frust auslösen.

Verspüren Sie ein angenehmes Flattern in Brust oder Lenden? Lust! Verschonen Sie diese Punkte, so wie der Engel des Todes die erstgeborenen Söhne Israels verschont hat.

Haben Sie dagegen Herzrasen, Angst oder Übelkeit? Zücken Sie Ihren Stift!

Schließlich rät Marie Kondo in ihrem Buch, jedem Gegenstand – sei es ein Kleid oder eine Handtasche oder was auch immer – für seine Dienste zu danken, bevor man ihn wegwirft. Allerdings bin ich mir nicht so sicher, ob die durchgestrichenen Punkte auf Ihrer Liste Dank verdient haben, Sie etwa? Dafür haben sie schon viel zu lange Ihre Zeit-, Energie- und Geldreserven aufgefressen.

Nein, vielmehr sollten Sie Folgendes tun:

Ihr schwarzer Stift schwebt über der Zeile. Die Spitze berührt das Papier, und dann – zack! – kommt der dicke schwarze Strich. **Dabei sprechen Sie ein leises, feierliches »Leck mich!«.**

Ein gutes Gefühl, nicht wahr?

Jetzt sind Sie fast bereit für Schritt 2. Magische, lebensverändernde Belohnungen warten auf Sie! Ich bin hocherfreut, wie weit Sie es in so kurzer Zeit gebracht haben. Aber nur um gaaanz sicherzugehen, dass wir auf derselben Wellenlänge sind: Was ist mit den Punkten, die Sie *nicht* von Ihren Listen gestrichen haben?

Sind Sie sicher, dass Sie über einige nicht noch mal nachdenken wollen?

UNTERSCHÄTZEN SIE NICHT DIE NEGATIVEN EFFEKTE SPORADISCHEN JA-SAGENS

Vielleicht gibt es einige Punkte, die noch auf Ihrer Liste stehen, weil Sie sich gedacht haben: *Ach, das kommt ja sowieso kaum vor. Wahrscheinlich ist es besser, einfach mal ja zu sagen, statt sich mit den Konsequenzen herumzuschlagen.*

Habe ich Sie denn gar nichts gelehrt?

Vielleicht habe ich mich nicht klar genug ausgedrückt – und dafür übernehme ich die volle Verantwortung –, also behandeln wir noch einmal die Broken-Windows-Theorie. **Wenn Sie weiterhin zu Dingen, die Ihnen Frust bringen, ja sagen, wird man dies auch in Zukunft von Ihnen erwarten.** Wie unnützer Papierkram und *Keeping Up with the Kardashians* kann das ganz schnell zu einem Teufelskreis werden.

Wissen Sie noch, wie man durch das Prinzipien-Argument Präzedenzfälle schafft – und zwar auf vorteilhafte Art und Weise? Ja zu sagen schafft ebenfalls Präzedenzfälle – und macht es ungleich schwerer, beim nächsten Mal nein zu sagen.

Wenn Sie sich schon der zeitaufwendigen Arbeit verschrieben haben, Ihre Jas in Kategorien zu ordnen, Listen zu schreiben und Ihr Ja-Budget zu erstellen, warum gehen Sie dann den Weg des scheinbar geringsten Widerstands und sagen weiterhin ja zu Dingen, die Sie frusten, selbst wenn sie nur ein- oder zweimal im Jahr vorkommen?

Wenn Sie nach dieser Logik vorgehen, werden Sie niemals Erleuchtung erlangen. Stattdessen werden Sie jede Weihnachten einen Kater haben und in einem peinlichen Strickpulli bei zehn Grad Minus Lieder singend durch die Straßen ziehen.

JA SAGEN

Wenn Sie das Flussdiagramm auf Seite 53 konsultiert, Ihre einzelnen Schritte nachvollzogen und entschieden haben, dass es auf Ihrer Liste tatsächlich Dinge gibt, die Ihnen wichtig sind, dann nur zu: Sagen Sie ja! Ja sagen ist leicht. Dafür brauchen Sie mich nicht. (Ich danke Ihnen trotzdem dafür, dass Sie dieses Buch gekauft haben.)

Für all die anderen Dinge ist es an der Zeit, dass wir uns Schritt 2 der NotSorry-Methode zuwenden.

III.

SAGEN

SIE

NEIN!

Sie sind *sooo* kurz davor, zu lernen, wie man auf etwas scheißt. Der Ausblick von hier oben ist ziemlich grandios, oder?

In Teil II haben Sie gelernt, all die Dinge, zu denen Sie bislang ja sagen, danach zu ordnen, ob sie Ihnen Lust oder Frust bringen. Sie haben untersucht, ob sie in Ihr Budget passen oder nicht. Und ich habe Sie mit den nötigen Instrumenten und Konzepten vertraut gemacht – Gefühle contra Meinungen, Ehrlichkeit und Höflichkeit –, mit deren Hilfe Sie diese Entscheidungen treffen und durchsetzen können.

Sie haben sich auf den Fußboden gesetzt, Sie haben Ihre Listen geschrieben, und Sie haben entschieden, wozu Sie in Zukunft ja beziehungsweise nein sagen wollen. Vielleicht mussten Sie sogar einen neuen schwarzen Filzstift kaufen, weil ihr erster irgendwann alle war. (Habe ich alles schon erlebt.) Ich gratuliere Ihnen; wirklich, ich gratuliere Ihnen von ganzem Herzen.

Aber gleich wird es noch viel besser.

Denn in Teil III ... werden Sie tatsächlich MIT DEM JA-SAGEN AUFHÖREN UND AUF DIE DINGE SCHEISSEN.

Aufgeregt? Yeah!

Nervös? Keine Bange, mir ging es genauso.

Beginnen Sie, indem Sie sich all das bildlich vorstellen, was Sie gewinnen können. Das sollte Sie für das Kommende so richtig in Schwung bringen.

DIE HEILIGE DREIFALTIGKEIT
DES NEIN-SAGENS:
ZEIT, ENERGIE, GELD

Zeit, Energie und Geld sind die Dinge, die Sie gewinnen, wenn Sie aufhören, zu allem ja zu sagen. Und es ist extrem nützlich, **sie immer im Hinterkopf zu behalten**, wenn Sie sich für Schritt 2 bereitmachen. Wenn Sie sie visualisieren, schüttet Ihr Körper Endorphine aus. Und meiner fachfraulichen Meinung nach sind Endorphine Magie.

Nehmen Sie sich also eine Minute Zeit, und denken Sie an all die Freude, die Schritt 2 Ihnen bringen wird. Zum Beispiel:

ZEIT

Manchmal hätten Sie einfach nur gern eine Stunde Zeit, um ein schönes Vollbad zu nehmen und sich die Zehennägel zu schneiden? Indem Sie nicht auf die vegane Grillparty Ihrer Nachbarn gehen, gewinnen Sie diese Stunde. Planschen Sie nach Herzenslust!

ENERGIE

Manchmal wünschen Sie sich, Sie könnten um sechs Uhr morgens aufstehen und ins Fitnessstudio gehen, wenn niemand anders Sie sehen kann? Indem Sie auf die Dinner-party am Dienstagabend um zehn Uhr (WTF?) scheißen, bleiben Sie nüchtern und gehen früher schlafen. So sind Sie am Mittwochmorgen frisch und munter für Ihre Verabredung mit dem Ellipsentrainer.

GELD

Manchmal wollen Sie diesen Karibik-Urlaub so sehr, dass Sie nur daran denken müssen, und schon haben Sie Sand in den Shorts? Wenn Sie die Hochzeitsfeier Ihrer alten Klassenkameradin von der Grundschule sausenlassen (Sie haben sowieso keine Ahnung, weshalb man Sie eingeladen hat), können Sie von den tausend Dollar, die Sie zweifellos dafür ausgegeben hätten, bevor Sie dieses Buch gelesen haben, Ihren Urlaub finanzieren – ohne ein schlechtes Gewissen haben zu müssen. Not sorry von hier bis zu den Jungferninseln, Baby!

Eine andere Art, Ihre Gewinne zu visualisieren, ist es, die einzelnen durchgestrichenen Punkte auf Ihrer Liste in das untenstehende Mengendiagramm einzutragen. So sehen Sie schwarz auf weiß, wofür Sie Ihre Zeit, Energie und Ihr Geld ausgeben und was Sie zurückbekommen, wenn Sie auf diese Dinge scheißen.

Dinge, die ich persönlich hinzuge-
wonnen habe, indem ich auf andere
Sachen scheiße:
Schlaf
Sex
Urlaube ohne E-Mails
Ein quasi enzyklopädisches Wis-
  sen von Internet-Katzen-Memes
Freitagabende auf der Couch mit
  meinem guten Freund Baileys
Selbstbewusstsein
Natürliche Bräune
Die Zeit, Energie und Freiheit, hin
  und wieder mal ein gottverdamm-
  tes Buch fertigzuschreiben.

Mit diesem Wissen im Hinterkopf werfen wir jetzt noch einmal einen Blick auf Ihre Listen.

Kennzeichnen Sie alle Punkte, die, wenn Sie darauf scheißen, einen Zugewinn an Zeit bedeuten, mit einem Z.

Dann machen Sie dasselbe mit einem E für Energie und einem G für Geld.

(Es könnte schwierig werden, die Zeilen durch den dicken schwarzen Filzstift hindurch zu lesen, allerdings habe ich das Gefühl, dass Ihnen die einzelnen Punkte noch recht präsent sind.)

Einige Punkte werden nur in eine Teilmenge des Diagramms fallen, andere in mehrere. Und logischerweise sind es die Punkte, die genau in der mittleren Schnittmenge von Z, E und G liegen, die Ihnen am meisten Freiheit zurückgeben werden.

Leider bedeutet das auch, dass man bei ihnen besonders auf die Gefühle und Meinungen anderer achtgeben, das Ja-Budget zu Rate ziehen, eventuell ein Prinzipien-Argument entwickeln und einige harte Entscheidungen übers Arschloch-Sein treffen muss.

Aber damit können wir arbeiten.

Mein eigenes Diagramm mit den Punkten von meiner Scheiß-drauf-Liste von S. 67 f. sähe dann so aus:

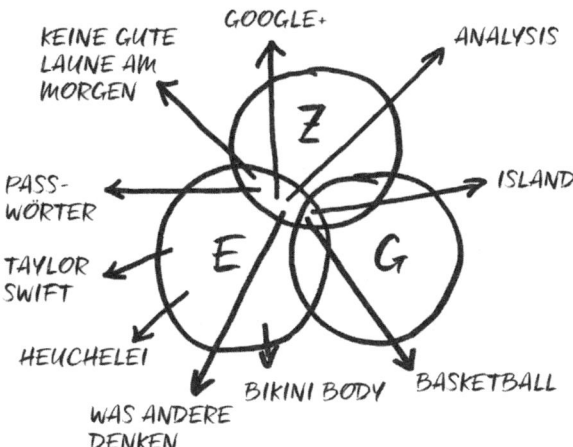

Wie Sie sehen, liegt bei mir der Schwerpunkt weniger auf Geld als auf Zeit und Energie.

Das ist nur logisch, denn meiner Auffassung nach ist Zeit eine endliche Ressource; Energie ist unter den richtigen Umständen zumindest teilweise erneuerbar, und Geld kann man immer wieder dazuverdienen (außerdem: Kreditkarten).

An diejenigen unter Ihnen, die beim Anblick Ihrer letzten Lohnabrechnung wieder mal mit den Tränen kämpfen mussten: Verstehen Sie bitte, dass für mich, verglichen mit Zeit – bei mir fing die Uhr buchstäblich mit meinem ersten Atemzug an zu ticken –, Geld zumindest theoretisch immer neu verdient oder notfalls auch geborgt werden kann; so etwas wie »geborgte Zeit« hingegen gibt es nicht. Obwohl ich mir sicher bin, dass American Express sofort damit auf den Markt kommen würde, wenn sie herausfänden, wie sich so etwas bewerkstelligen – und mit 16,9 % verzinsen – ließe.

Jedem Tierchen sein Pläsierchen! **Wenn Sie diese**

145

Übung machen, spielt es keine Rolle, welche Ressourcen Sie persönlich als die wertvollsten erachten. Wichtig ist allein, dass Sie lernen, ihren Wert zu erkennen. Wie auch immer Ihr eigenes Diagramm aussieht, es wird hilfreich sein, vor allem diejenigen Punkte näher zu betrachten, die in die Schnittmenge der für Sie wichtigsten Kategorien fallen.

Das wird Ihnen dabei helfen, sich wertvolle Zeit, Energie und Geld zurückzuerobern!

Psst, haben Sie das gehört? Das sind Ihre Endorphine, die da sprechen. Ich soll Ihnen ausrichten, Sie machen das großartig.

EIN SCHRITT NACH DEM ANDEREN

Auf etwas scheißen kann ganz einfach sein: bei einem Werbeanruf auflegen; sich an Ihrem Geburtstag krankmelden; sich eine Baseballkappe überstülpen, wenn morgens um sieben der Klempner kommt, statt zwei Stunden früher aufzustehen, um zu duschen und sich die Haare zu föhnen, als wollten Sie aufs Cover der *Maxim*.

Aber ganz egal, wie entschlossen Sie sind, wenn Sie Ihre Listen schreiben und wie fest Sie sich vornehmen, eine Menge Jas einfach zu streichen – wenn es hart auf hart kommt, **kann Ihnen Schritt 2 durchaus den Wind aus den Segeln nehmen.** Um zu verhindern, dass Sie mit nichts als einem Amateurfunkgerät und einem Lächeln auf offener See treiben, empfehle ich Ihnen, noch einmal tief in die Methode einzutauchen (im übertragenen Sinne natürlich).

Damit meine ich konkret: **Fangen Sie ganz bewusst mit den Punkten auf Ihrer Liste an, die nur Sie allein betreffen.** Auf diese Weise können Sie sich an Schritt 2 gewöhnen, ehe Sie sich mit den Gefühlen Ihrer Mitmenschen auseinandersetzen müssen (was, wie Sie vielleicht wissen, ungeheuer lästig sein kann).

Womöglich müssen Sie nicht einmal höflich sein. Einfach nur ehrlich – zu sich selbst.

GEFAHRENSTUFE GELB: DARAUF SCHEISST ES SICH LEICHT

Das ständige Drama Ihrer Facebook-Freundin geht Ihnen auf den Keks? »Unfollow« ist eine der simpelsten Möglichkeiten, auf etwas zu scheißen, die jemals erfunden wurde. Nicht so konfrontativ wie »unfriend« und trotzdem effektiv. Danke, Mark Zuckerberg!

Falten sind Ihnen schnuppe? Dann hören Sie auf, Geld für Cremes und Ampullen auszugeben, Zeit damit zu verschwenden, Sie aufzutragen, und Energie zu verbraten, indem Sie sich über die sichtbaren Zeichen der Hautalterung Sorgen machen, die – Spoiler-Alarm! – sich de facto nicht aufhalten lässt, es sei denn, Ihr Name ist Christie Brinkley. Verdammte Scheiße, sieht die gut aus!

Der Aktienmarkt geht Ihnen am Arsch vorbei? Dann hören Sie auf, sich mit dem *Wall Street Journal* gegen den Hinterkopf zu schlagen, nur damit Sie bei Dinnerpartys kluge Dinge von sich geben können. (Vielleicht holen Sie sich lieber einen Finanzberater – die guten bezahlen sich unterm Strich selbst). Nutzen Sie lieber die Zeit, um Experte auf einem Gebiet zu werden, das Sie wirklich interessiert – vielleicht Small-Batch-Bourbon? Soll sich doch jemand anders Börsentipps für Ihre Freunde aus den Fingern saugen.

GEFAHRENSTUFE ORANGE: HIERAUF SCHEISST ES SICH SCHON ETWAS SCHWIERIGER

Jetzt können Sie sich den etwas größeren Dingen zuwenden, die Ihnen **völlig sinnlos Zeit, Energie und/oder Geld stehlen.** Diese Dinge könnten eventuell andere Menschen betreffen oder ein Gespräch über Meinungen versus Gefühle erfordern – was nichts daran ändert, dass sie Ihnen am Arsch vorbeigehen.

Es ist Ihnen scheißegal, dass Ihr vierzigjähriger Kumpel morgen umzieht und nach Leuten sucht, die ihm »gegen Bezahlung in Bier« beim Schleppen helfen? Nackte Ehrlichkeit (»Was kann ich dafür, dass du in deinem Alter noch nichts auf die Reihe gekriegt hast?«) ist vielleicht nicht der ideale Weg, aber Sie können sich höflich aus der Affäre ziehen, indem Sie eine nicht näher spezifizierte berufliche Verpflichtung vorschieben. Denn: Was weiß so jemand schon von beruflichen Verpflichtungen?

Es interessiert Sie nicht die Bohne, auf der Arbeit »Synergieeffekte« zu schaffen? Anfangs haben Sie vielleicht noch Sorgen, sich einen Rüffel vom Boss einzufangen, aber keine Bange: Synergie ist nur äußerst schwer zu quantifizieren, und daran wird sich auch nichts ändern, wenn Sie darauf scheißen. Sparen Sie Ihre kreative Energie lieber für etwas auf, das IHNEN zugutekommt – zum Beispiel, eine gewinnbringende Strategie für das bürointerne Football-Tippspiel zu entwickeln.

Ihre Kollegen wollen sich fortpflanzen – na und? Das ist leicht: Stecken Sie einfach kein Geld in den Sammelumschlag für den Gutschein fürs Windel-Abo, der im Büro herumgereicht wird. Angst, die anderen könnten Sie für geizig halten? **Bitte blättern Sie zurück zu Seite 37.**

GEFAHRENSTUFE ROT:
DARAUF SCHEISST ES SICH
AM SCHWERSTEN

Im Folgenden geht es um Situationen, für die Sie Ihren ganzen Werkzeugkasten plus eine gute Dosis Selbstbeherrschung und vielleicht das eine oder andere Prinzipien-Argument bemühen müssen. **Denn hier sind andere Menschen involviert; das Potential, jemanden in seinen Gefühlen zu verletzen/ein Arschloch zu sein, ist groß, und ein Nein stößt oft auf geringe Akzeptanz.** Mit anderen Worten: Genau für solche Situationen wurde die NotSorry-Methode erfunden. Schnallen Sie sich an, und los geht's!

Sie scheißen auf Hochzeiten innerhalb der entfernten Verwandtschaft, auf Abschlussfeiern und ähnliche »wichtige« Ereignisse? Solche Anlässe werden in der Regel lange im Voraus geplant. Um ihrer Herr zu werden, schlage ich Ihnen eine Visualisierungs-Übung vor: Bevor Sie unbedarft eine Einladung zusagen und damit ein Loch in Ihr Ja-Budget reißen, ohne sich der Konsequenzen in ihrem ganzen Ausmaß bewusst zu sein, stellen Sie sich vor, wie Sie sich an jenem Tag fühlen werden – oder noch schlimmer: am Abend davor, wenn Sie am Flughafen in der Schlange vor der Sicherheitskontrolle stehen, weil sie zur Star-Wars-Themenhochzeit Ihres Cousins dritten Grades Barry nach Pittsburgh fliegen müssen. Wie Yoda vielleicht sagen würde: »An einem dunklen Ort wir uns wiederfinden. Ein wenig Wissen den Weg leuchten uns kann.« Wenn Sie auf dieses Bild der Verzweiflung zugreifen, bevor Sie die Antwortkarte absenden, werden Sie sich Tage (Wochen? Monate?) voller Reue und Angst ersparen *plus* Tausende Dollar an Flug- und Hotelkosten. Kreuzen Sie auf der Antwortkarte einfach »Ich kann leider nicht kommen« an, und schicken Sie stattdessen ein Hochzeitsgeschenk. Vielleicht ein hübsches Schneidebrett mit einem Bild des Todessterns darauf?

Die Kinder Ihrer Freunde sind Ihnen piepegal? Zuerst müssen Sie deutlich machen, dass es nicht nur um *ihre* Kinder geht – sondern um *alle* Kinder! Auf diese Weise wird eine Art Prinzipien-Argument daraus. (Wenn Sie selbst Kinder haben, funktioniert das Prinzip auch in der Abwandlung »Alle Kinder außer meinen eigenen«.) Allerdings dürfen Sie nicht auf positive Resonanz hoffen, wenn Sie buchstäblich sagen: »Deine Kinder sind mir piepegal.« Gut möglich, dass Sie sich danach nie wieder mit besagten Kindern abgeben müssen, doch wahrscheinlich haben Sie auch einen guten Freund verloren. Wenn Sie NICHT wollen, dass von Ihnen verlangt wird, einer Veranstaltung beizuwohnen, auf der der Ehrengast ein Kleinkind ist, und wenn Sie niemals und unter gar keinen Umständen gefragt werden möchten, ob Sie Lust hätten zu babysitten – aber gleichzeitig Ihre Freunde behalten wollen –, dann müssen Sie diese

Ehrlichkeit mit einer Riesenportion Höflichkeit servieren. Hin und wieder ein Lutscher oder ein »Wie süüüß!!«-Kommentar in den Sozialen Netzwerken kann Wunder wirken. Bittere Medizin nimmt man am besten mit Zucker – das ist eine altbewährte Devise. (Mary Poppins: Not sorry seit 1934.)

Welpen gehen Ihnen am Arsch vorbei? Alles klar, viel Glück damit!

EIN PAAR AUFMUNTERNDE WORTE

An dieser Stelle sollte ich etwas einräumen: Selbst nachdem Sie die Entscheidungen getroffen haben, wozu Sie ja sagen und worauf Sie scheißen wollen, selbst nachdem Sie Ihre Listen und Diagramme erstellt und an den einfachen Dingen geübt haben, wird es nicht immer glattgehen. Leute wie ich und Fitness-Guru Richard Simmons wissen natürlich genau, wie der Hase läuft (würde er sonst Tanktops mit Swarovski-Kristallen tragen?), aber wenn es so einfach wäre, auf etwas zu scheißen, würden es alle auch ohne mich tun.

Ich bin die Erste, die es Ihnen sagt: Es kann passieren, dass Sie rückfällig werden. Keine Sorge, das ist nicht weiter ungewöhnlich. Genau wie die Anti-Baby-Pille ist auch die NotSorry-Methode revolutionär, aber nicht zu hundert Prozent sicher. Sollten Sie daher morgendliche Übelkeit verspüren, denken Sie an dieses abschreckende Beispiel:

DIE PARTY, AUF DIE
NIEMAND GEHEN WILL

Erinnern Sie sich noch an die Karaoke-Party anlässlich des Geburtstags Ihres Kollegen, über die wir in Teil II gesprochen haben? Sagen wir, Sie haben – beim Erstellen Ihrer einzelnen Listen – entschieden, dass Sie auf Karaoke oder auf Tim oder vielleicht sogar auf Geburtstagspartys im Allgemeinen scheißen. Sie sind sich sogar relativ sicher, dass keiner aus Ihrem Büro zu dieser Party gehen möchte, aber da Sie gerade dieses Buch lesen, sind Sie der Einzige, der mutig genug ist, um auch wirklich nein zu sagen. Sie befolgen Schritt 2 und sagen ab.

Erfolg!

Aber dann, am nächsten Tag, ist Ihnen ein bisschen unbehaglich zumute. Vielleicht zeigt Ihnen Tim oder jemand anders die kalte Schulter. (Fokus: Interessiert es Sie, was diese Leute denken?) Sie drohen einzuknicken. Sie beginnen Ihre Entscheidung, auf die Party des Kollegen zu scheißen, zu hinterfragen. Sie verpulvern noch ein bisschen mehr Energie mit Hadern und Zweifeln.

Sofort stopp!

Es ist wichtig, dieses ungewohnte Gefühl von Freiheit nicht mit Scham oder Bedauern zu verwechseln. Sie haben die richtige Entscheidung getroffen. Um Gottes willen, die haben dort ein *komplettes* Kenny-Chesney-Album durchgesungen! Das ist kein Stich der Reue, den Sie da empfinden, das ist Freiheit mit einer Extradosis Mitgefühl für Ihre armen Kollegen.

(Wenn Sie tatsächlich das Gefühl haben, Reue zu empfinden, ist es Zeit, »Reue« auf die Liste der Dinge zu setzen, die Ihnen am Arsch vorbeigehen.)

Früher oder später werden Sie lernen, auf diese Gefühle zu scheißen.

EHRLICHKEIT: EIN FLIESSENDER ÜBERGANG

In den Teilen I und II habe ich viel Zeit darauf verwendet, Ihnen die zwei grundlegenden Konzepte im Zusammenhang mit Schritt 2 einzubläuen: Ehrlichkeit und Höflichkeit. Und obwohl ich zugebe, dass Höflichkeit in manchen Fällen überbewertet wird (siehe S. 112, »Manchmal ist es erlaubt, die Gefühle anderer zu verletzen«), ist Ehrlichkeit das, sagen wir mal ... flexiblere der beiden Konzepte.

Ehrlichkeit ist *in der Regel* der beste Weg, wenn Sie auf etwas scheißen wollen. Sie schafft faire Ausgangsbedingungen und bewahrt Sie davor, mühsam um den heißen Brei herumreden zu müssen – ganz zu schweigen vom »Social Media Handicap«, wenn Sie den Grund, weshalb Sie irgendetwas angeblich nicht tun können, erfunden haben und dann befürchten, auf Facebook oder Foursquare (ist Foursquare überhaupt noch aktuell?) enttarnt zu werden, weil Sie in Wahrheit gerade auf einer ganz anderen Party tanzen.

Wie viel Zeit und Energie Sie das kostet!

Ehrlichkeit ermöglicht es Ihnen auch, Dinge zu sagen wie »Es tut mir leid, ich habe keine Zeit, deinen selbstveröffentlichten Roman über Gnome zu lesen. Aber ich wünsche dir ganz, ganz viel Erfolg damit« oder »Ich mag keinen Tee«. Einfach, direkt und, wenn höflich vorgetragen, überaus wirkungsvoll.

Nicht die Gefühle anderer zu verletzen und nicht

beim Lügen ertappt werden, das ist die reinste Form der NotSorry-Methode. Sie müssen nicht mit Ihrer Entscheidung hadern und sich für nichts entschuldigen.

Doch wir alle wissen, dass es Fälle gibt, in denen Sie (Schritt 1) beschlossen haben, auf etwas zu scheißen; Sie haben den ehrlichsten, höflichsten Weg gewählt, um Ihre Entscheidung zu kommunizieren, und trotzdem haben Sie bei Schritt 2 irgendwie ... ein komisches Gefühl. Die gute Nachricht ist: Wenn Sie dieses komische Gefühl verspüren, bedeutet das, dass Sie kein Arschloch sind. Denn Arschlöcher zweifeln nicht.

Was ich damit meine: Sollte Ihr Bauch Ihnen sagen, dass reine Ehrlichkeit möglicherweise NICHT der beste Weg ist, können Sie die Sache ruhig auch flexibel handhaben. Zur Orientierung habe ich eine praktische Liste erstellt:

SITUATIONEN, IN DENEN ABSOLUTE EHRLICHKEIT UNTER UMSTÄNDEN NICHT DIE BESTE LÖSUNG IST

- wenn es um die Kochkünste einer anderen Person geht
- wenn man es durch »superkluges Zeitmanagement« doch irgendwie einrichten könnte
- wenn Sie hinterher nicht mit dem Therapeuten von irgendjemandem darüber reden wollen
- wenn der Weihnachtsmann und kleine Kinder involviert sind
- wenn Sie es mit einer Schwangeren zu tun haben
- wenn Sie es mit Ihrer Schwiegermutter zu tun haben
- wenn Sie es mit Ihrer schwangeren Schwiegermutter zu tun haben

UNTERSCHIEDLICHE FÄLLE, GLEICHES PRINZIP

In Teil II haben wir daran gearbeitet, wie Sie entscheiden, worauf Sie scheißen wollen. Danach, zu Beginn von Teil III, haben wir gezeigt, wie Sie sich psychisch optimal darauf vorbereiten. **Jetzt werden wir uns – anhand echter Reaktionen echter Menschen – daranmachen, WIRKLICH AUF DIE DINGE ZU SCHEISSEN.**

Ganz genau: In diesem Teil kehre ich zu meinen Feldforschungen zurück!

Anhand der Ergebnisse meiner anonymen Umfrage werde ich Ihnen einige Punkte nennen, die regelmäßig auf den Scheiß-drauf-Listen anderer vorkommen, um Ihnen zu zeigen, wie man es schafft, auf diese Dinge zu scheißen, ohne – sprechen Sie mir nach – *zum Arschloch zu werden.*

Um Sie sanft in die Praxis der NotSorry-Methode einzuführen, habe ich drei verschiedene Level entwickelt, je nachdem, welcher Persönlichkeitstyp Sie sind und wie kompromisslos Sie sein möchten.

BEGINNEN WIR MIT KATEGORIE 1: DINGE

In dem Zeitraum, während ich dieses Buch verfasst habe, nannten mehr als zehn Prozent der Teilnehmer meiner Umfrage die Kardashians oder ein Mitglied des Kardashian-Clans (ja, ich meine dich, Kimberly) als etwas, das ihnen am Arsch vorbeigeht; weitere zehn Prozent nannten *Reality-TV, Reality-TV-Stars oder Leute, die berühmt sind, weil sie berühmt sind.* Ich weiß nicht, was ich Ihnen sagen soll – dieses Problem scheint größer zu sein als wir alle. Ich habe mir eine Weile über die existentielle Frage Gedanken gemacht: *Wenn so viele Leute sich einen Scheiß für die Kardashians interessieren, warum sind sie dann ständig im Fernsehen?*, kam jedoch schnell zu dem Schluss: *Ist mir scheißegal.*

Aber weiter im Text.

Abgesehen von der Reality-TV-Meute – die Bachelors, Bachelorettes, echte Hausfrauen aus New York oder Beverly Hills sowie XXL-Familien mit einschließt –, fanden auch noch die Namen einiger anderer Prominenter Erwähnung, unter anderem Madonna, Hugh Jackman und der Rapper Drake. In solchen Fällen dürfte es recht einfach sein, zu Schritt 2 überzugehen (außer Sie sind Drakes Mutter), weshalb ich mich nun wichtigeren Themen zuwende.

Recycling. Bei der NotSorry-Methode geht es darum, Ihr Glück an erste Stelle zu stellen und Ihre Zeit und Energie für die Dinge aufzusparen, die Ihnen wirklich am Herzen liegen. Wenn Sie also kein Interesse daran haben, unseren Planeten zu retten …

> **Anfänger:** Beschließen Sie, Flaschen und Dosen zu recyceln, aber hören Sie auf, sich Gedanken darüber zu machen, ob Wachspapier und Styropor in den Gelben Sack dürfen. Psst … ich verrate auch keinem was.
>
> **Fortgeschrittene:** Schmeißen Sie den ganzen Haufen Leergut in den Restmüll, statt sich mit mehreren Müllsäcken und -eimern herumzuschlagen. Sie waren gestern auf einer Party. Sie brauchen Schlaf.

Experten: Delegieren Sie die Mülltrennung an Ihren Ehepartner oder Ihre Mitbewohner. Glaubwürdige Bestreitbarkeit. Ja, das gibt es, schlagen Sie das ruhig nach.

Öffentlich rechtliches Kulturradio. Ich persönlich habe nichts gegen Kulturradio. Hey, Leute! Ladet mich ruhig mal in eine eurer zahlreichen unterhaltsamen, lehrreichen Sendungen ein! Trotzdem kann ich nachvollziehen, wenn jemandem etwas, das vom Rest der Gesellschaft regelrecht zu einem Fetisch erhoben worden zu sein scheint, am Arsch vorbeigeht; das gilt erst recht für den dazugehörigen elitären Habitus (siehe meine Ansichten zum *New Yorker* auf S. 71).

Anfänger: Sobald jemand das Kulturradio erwähnt, entgegnen Sie:»Warte, warte, sag's mir nicht«, und entfernen sich. Ihr Gegenüber wird Sie nun für besonders klug halten.

Fortgeschrittene: Erfinden Sie eine Sendung, die es gar nicht gibt, erzählen Sie den Leuten, sie sei Ihre Lieblingssendung, und freuen Sie sich diebisch, wenn diese daraufhin so tun, als würden sie die Sendung auch regelmäßig hören.

Experten: Sofern Sie bereits erfolgreich darauf scheißen, was andere Leute denken, können Sie, wenn Ihre Freunde das nächste Mal zu poetischen Ergüssen über das Kulturradio ansetzen, hocherhobenen Hauptes die vier befreienden Worte sagen:»Ich höre kein Kulturradio.«

N. B. Rosé: S. oben, nur ersetzen Sie es durch die Worte »Ich mag keinen Rosé« und sonnen sich in der Gewissheit, dass alle anderen am Tisch insgeheim denken: *Ich auch nicht. Was mache ich nur falsch im Leben?*

Wer »wirklich« Shakespeares Stücke geschrieben hat.

Wenn Sie Shakespeare-Forscher sind, müssen Sie sich dafür interessieren oder wenigstens so tun. Alle anderen? Nein.

Anfänger: Führt jemand auf einer Cocktailparty das Christopher-Marlowe-Argument an, murmeln Sie: »Aha, ein Marlowe-Jünger«, und spucken auf den Boden. Er wird's schon verstehen.

Fortgeschrittene: Keine Fluchtmöglichkeit? Dann machen Sie es wie Heißsporn in *Heinrich IV, Teil 1*. Sagen Sie: »Oh, edle Herrn, des Lebens Zeit ist kurz!« Sodann entschweben Sie ins Nebenzimmer und verabschieden sich auf irische Art*. (Übrigens eine ausgezeichnete, eine wirklich *ausgezeichnete* Strategie, um auf unzählige Dinge zu scheißen.)

Experten: Bleiben Sie solchen Partys von vornherein fern.

Game of Thrones. Noch ein ziemlich simpler Fall von Not-Sorry, zumal niemand Sie mit vorgehaltenem Schwert dazu zwingt, die Bücher zu lesen oder die Serie zu schauen (obwohl das irgendwie stimmig wäre). Nichtsdestotrotz müssen Sie darauf vorbereitet sein, dass andere sich darüber unterhalten, dass sie die Bücher gelesen und/oder die Serie gesehen haben.

---

* Ein Abschied auf irische Art ist, wenn man eine Party oder Versammlung verlässt, ohne jemandem Bescheid zu sagen. Sehr empfohlen.

Anfänger: »Oh ... du redest immer noch darüber? Sorry, ich hatte zwischendurch kurz abgeschaltet. Tja, dann lädt mich wohl keiner ein, um gemeinsam das Staffelfinale anzuschauen. So ein Mist aber auch!«

Fortgeschrittene: Ein ehrliches, höfliches Passt auf, Leute, da *Game of Thrones* mir ziemlich wurscht ist, gehe ich jetzt lieber. Wir sehen uns dann Dienstag früh, wenn Ihr damit fertig seid, Hypothesen darüber aufzustellen, was wirklich mit Jon Schnee passiert ist und inwieweit die Handlung der Serie von der der Romane abweicht.«

Experten: Investieren Sie in ein T-Shirt mit dem Aufdruck Dragons Don't Give A F🐉ck. Und tragen Sie es jeden Montag nach Bedarf.

> **Meine liebste Umfrage-Antwort**
>
> DRESSUR: Das musste ich erst mal nachschlagen. Als ich zu der Stelle im Wikipedia-Eintrag kam, wo stand: »Dressur wird gelegentlich auch als Pferdeballett bezeichnet«, setzte ich es postwendend auf meine eigene Scheiß-drauf-Liste.
>
> Danke, liebe(r) Umfrage-Teilnehmer/in, dass Sie meinen Horizont erweitert haben, wer auch immer Sie sind.

Soziale Netzwerke. Wo soll man da anfangen? Heutzutage keine Facebook-Seite zu haben ist ungefähr so, als wäre man im Hollywood der fünfziger Jahre Kommunist gewesen. Lemminge mögen es nicht, wenn andere Lemminge sich nicht an die Regeln halten. Ich selbst bin stolze Betreiberin eines Facebook-, Twitter- und Instagram-Accounts. (Bei Google Plus ziehe ich, wie Sie ja wissen, die Grenze.) Aber wenn Sie zu den wenigen Glücklichen gehören, die immer noch einem »Like«-freien Lebensstil frönen, dann bleiben Sie stark. In Ihrer Welt gibt es keine Hashtags.

Anfänger: Vielleicht entscheiden Sie sich für eine der vielen Plattformen, richten dort eine Seite ein und vergessen sie gleich wieder. Die Privatsphäre-Einstellungen auf Facebook sind das Allerletzte, deshalb würde ich Twitter empfehlen – da passieren sowieso die ganzen interessanten Sachen. Auf Twitter benehmen sich die Leute so richtig daneben.

Fortgeschrittene: Richten Sie nirgendwo einen Account ein. Aber bitte: *Reden* Sie auch nicht ständig darüber, dass Sie nicht auf Facebook sind.

Experten: Schon mal was von »Catfishing« gehört?

Wer auf wen steht. Chapeau, Erleuchtete oder Erleuchteter! Wenn Sie wissen, dass Sie hierauf scheißen, wird Schritt 2 ein Kinderspiel für Sie.

Anfänger: Sehen Sie die beiden (Angehörigen desselben Geschlechts) da drüben, die sich gegenseitig am Ohr knabbern? Ist das nicht süß?

Fortgeschrittene: Sie blättern in einer Illustrierten und sehen Billy Joels vierte Ehefrau, deren klare, reine Haut neben seiner sexy Säufernase leuchtet wie Mondstein. Blättern Sie weiter.

Experten: Es ist so unglaublich einfach, darauf zu scheißen, wer auf wen steht, dass Sie, sobald Sie das Experten-Level erreicht haben, in der Schuld Ihrer Mitmenschen stehen. Sie sollten nicht nur darauf scheißen, sondern allen, denen Sie begegnen, sagen, was für Obertrottel sie sind.

SICH ANPASSEN: Das – GENAU *DAS* HIER – ist der Grund, weshalb ich dieses Buch geschrieben habe. Ob Anfänger, Fortgeschrittener oder Experte – *Not Sorry* ist für Menschen, die es satthaben, der Welt eine Fassade der Konformität zu präsentieren und in einem fort Interesse und Begeisterung zu heucheln. Es geht darum, diese Menschen (das sind Sie!) zu befähigen, sich frei zu fühlen, sie selbst zu sein und ihr bestmögliches Leben zu leben.

KATEGORIE 2: ARBEIT

Viele, viele Menschen, die an meiner Umfrage teilgenommen haben, gaben an, dass Ihnen Meetings, Telefonkonferenzen und Kleidervorschriften am Arsch vorbeigehen – Punkte, die wir bereits erschöpfend in Teil II behandelt haben. Doch es gibt noch weitere Punkte, die dringend eine Behandlung mit der NotSorry-Methode brauchen:

Ungebetene E-Mails, Antworten auf. Dies ist ein gutes Beispiel für einen Fall, bei dem *theoretisch* jemand anders betroffen ist (nämlich der Absender der E-Mail). Wenn aber die ursprüngliche Nachricht ungefragt kam, kann man das getrost außer Acht lassen.

> **Anfänger:** Sie sind hiermit autorisiert, nicht auf die Mail zu antworten. Klicken Sie auf »Löschen«, und verbringen Sie die so gewonnene Zeit damit, auf Gawker zu surfen. Gott weiß, dass *die* auf fast alles scheißen.
> **Fortgeschrittene:** Löschen Sie die E-Mail, und blockieren Sie den Absender. Das wird ihm eine Lehre sein.
> **Experten:** Lassen Sie eins dieser schicken Unsubscribe-

Programme über Ihre mit Newslettern, Werbeangeboten und Kickstarter-Updates zugemüllte Inbox laufen. Die Wirkung ist ähnlich wie nach Ihrem ersten Schuss Heroin (habe ich mir sagen lassen).

Klatsch und Tratsch. Wenn Sie kein Beikoch in der Gerüchteküche Ihres Büros sein wollen, gibt es eine Vielzahl von Möglichkeiten, effizient mit diesem Problem umzugehen.

Anfänger: Wenn Sie ein Büro mit Tür haben, machen Sie diese zu. Wenn nicht, kaufen Sie sich Kopfhörer. Wozu mit jemandem tratschen, der Kopfhörer trägt? Eben.
Fortgeschrittene: Erst sagen Sie höflich: »Ich möchte das nicht hören«, dann halten Sie sich beiläufig die Ohren zu, bis der oder die Betreffende verschwindet. Damit sollte Ihr Standpunkt klar sein.
Experten: Wenn das nächste Mal jemand davon anfängt, dass Kollegin Regina während der Arbeitszeit ständig mit Sexting beschäftigt ist, heben Sie einfach die Hand und sprechen folgende Worte: »Ich werde ihr sagen, dass du das gesagt hast.« Voilà! Niemand wird Ihnen je wieder Klatsch anvertrauen.

Übungen zur Teambildung. Es ist schlimm genug, dass wir tagtäglich zusammenarbeiten müssen; müssen wir allen Ernstes auch noch an unserer *Arbeit* arbeiten? Das ist ja, als würde man in einem schlechten Fellini-Film mitspielen, nur dass der Kaffee nicht schmeckt.

Anfänger: Nehmen Sie sich einen Tag Urlaub.
Fortgeschrittene: Melden Sie sich krank.

Experten: Nehmen Sie sich aus persönlichen Gründen frei.

Arschkriechen. In Teil II habe ich gesagt, dass es für jeden Aspekt Ihrer Arbeit, der Ihnen wichtig sein muss, fünf Dinge geben sollte, auf die Sie scheißen. Arschkriechen ist eins dieser Dinge. Wenn Sie Ihre Arbeit gut machen, sollte es für Sie keinen Anlass geben, sich selbst zu erniedrigen, indem Sie dem Boss, seiner Assistentin oder der Frau aus der PR-Abteilung, mit der der Boss angeblich eine Affäre hat, die Stiefel lecken.

Anfänger: Lassen Sie es einfach. Es ist leicht, etwas nicht zu tun, das nicht offiziell Teil Ihrer Tätigkeitsbeschreibung ist.

Fortgeschrittene: Wenn obengenannter Boss Arschkriechen verlangt, überlegen Sie, ob Sie vielleicht ein Foto von ihm und seiner Geliebten schießen und ihn damit erpressen könnten. Gleicher Aufwand, besseres Ergebnis.

Experten: Setzen Sie umgekehrte Psychologie ein. Falls es einige Aspekte an Ihrer Arbeit gibt, die Ihnen wichtig sein *müssten*, es aber nicht sind, könnte Arschkriechen nützlich werden. Machen Sie Ihr Ding!

Kinder von Kollegen. Wenn Paul aus der Buchhaltung davon schwärmt, dass seine Tochter den fünften Platz beim Buchstabierwettbewerb gewonnen hat, glauben Sie vielleicht, dass Sie nichts dagegen tun können. Sie irren sich.

Anfänger: Halten Sie sich den Bauch, und sagen Sie: »Hey, das ist toll, aber ich muss ganz dringend mal wohin!« Ehrlich und höflich – denn weiß Paul, ob Sie nicht vielleicht an schrecklicher Diarrhö leiden (im Übrigen ein exzellentes Wort für einen Buchstabierwettbewerb)? **Fortgeschrittene:** »Hm. Komisch. Wo sie das Talent wohl herhat?« Ehrlich und *beinahe* höflich. Auf alle Fälle endgültig.

Experten: »Oh, das ist aber schön. Meine Tochter kann weder lesen noch schreiben.« Paul wird nie wieder ein Wort mit Ihnen wechseln. Egal, worum es geht.

Die Firmenphilosophie. Haben Sie schon mal vom »Infinite-Monkey-Theorem« beziehungsweise dem »Theorem der endlos tippenden Affen« gehört? Es besagt, dass ein Affe, der endlos lange auf einer Schreibmaschine herumtippt, irgendwann die Werke von William Shakespeare zu Papier gebracht haben wird. Das kam sogar mal in einer Folge der *Simpsons* vor, als Mr Burns gleich tausend Affen auf tausend Schreibmaschinen schreiben ließ. Ungefähr auf dieselbe Weise werden Firmenphilosophien verfasst, und das ist der Grund, weshalb Sie darauf scheißen können, sie zu verinnerlichen oder sich daran zu halten. Sie sind das Ergebnis eines unzählige Stunden dauernden Arbeitsprozesses inklusive »Brainstorming« und »Fokusgruppen«, an dessen Ende ein absolut nichtssagender, oftmals hirnverbrannter Text herauskommt, der *wirklich* ebenso gut von einer Horde Affen in einem beliebigen Vorstandszimmer irgendwo im Land hätte geschrieben werden können.

ALLE LEVEL: Ich schlage vor, dass Sie jedes Mal, wenn Sie auf eine Firmenphilosophie stoßen, diese nicht lesen, sondern sich stattdessen zwei Minuten Zeit nehmen, einen Raum voller Affen zu visualisieren, die

Zigarren rauchen und munter auf Schreibmaschinen klappern. Ich glaube ehrlich, davon würden Sie mehr profitieren.

»Wessen Aufgabe das eigentlich ist.« Dies ist eine zweischneidige Angelegenheit. Einerseits will keiner zusätzlich zur eigenen Arbeit auch noch die der Kollegen machen. Andererseits habe ich das Gefühl, dass Sie darauf pfeifen, »wessen Aufgabe das eigentlich ist«, wenn diese Frage nur als Ausrede dazu benutzt wird, um sich vor einer vollkommen simplen Arbeit zu drücken, die ansonsten den ganzen Laden aufhalten würde. Charlene in der Dessous-Abteilung legt nicht rechtzeitig die Slips nach, und keiner will die Aufgabe übernehmen? Charlene ist also eine dumme Kuh – aber keiner von uns darf nach Hause gehen, bis die komplette Damen-Abteilung nicht picobello in Ordnung ist.

Anfänger: Machen Sie es einfach selbst, und bringen Sie es am darauffolgenden Montag beim Chef zur Sprache. Das kostet Sie ein bisschen Zeit und Energie, aber dafür wird es Ihnen Spaß machen, zuzusehen, wie Charlene nächste Woche gefeuert wird. Unterm Strich gewinnen Sie.

Fortgeschrittene: Machen Sie dieses eine Mal den Job für Charlene mit, nehmen Sie sich aber vor, sie beim Chef zu melden. Aus Spaß hinterlassen Sie ihr außerdem eine kleine Nachricht von der Tanga-Fee, dass ihre Tage gezählt sind.

Experten: Schlagen Sie vor, dass alle Hölzchen ziehen, um zu entscheiden, wer die Aufgabe übernehmen muss. Haben Sie für solche Fälle immer ein langes Hölzchen in der Tasche.

Wochenendaktivitäten anderer Leute, weitschweifige Erzählungen über die. Für einige Ihrer Kollegen könnte es ein Schock sein, aber Wochenenden sind die Zeit, in der die meisten Menschen Arbeit und Gespräche mit Kollegen tunlichst vermeiden. Wenn Sie am Montag dann wieder ins Büro kommen und mit der Anekdote eines Kollegen über seinen Stand-up-Paddling-Kurs in Martha's Vineyard konfrontiert werden, können Sie dieselbe Strategie anwenden wie bei Paul und seiner buchstabierenden Tochter. Wie Bert Lance, Direktor des Office of Management and Budget unter Jimmy Carter, einst sagte: »Wenn's nicht kaputt ist, reparieren Sie's nicht.«

Anfänger: »Ich muss ...!« [sich den Bauch haltend]
Fortgeschrittene: »Äh ... danke für die Bilder?«
Experten: »Mein(e) Frau/Ehemann/Lebenspartner(in) ist bei einem Paddelunfall ums Leben gekommen.«

Leistungsevaluation. Wenn Sie Ihren Job behalten wollen, werden Sie vermutlich zum Termin für die Leistungsbeurteilung mit Ihrem Chef erscheinen müssen. Aber – und ich weiß, das klingt etwas kontraintuitiv – Sie können *während* des Termins trotzdem darauf scheißen. Wieso? Weil die Würfel längst gefallen sind. Ihr Boss hat die Evaluation bereits vorgenommen; heute ist nur der Tag, an dem Sie sich die Ergebnisse *anhören* müssen.

Anfänger: Stellen Sie sich Ihren Boss in Unterwäsche vor.
Fortgeschrittene: Stellen Sie sich Ihren Boss in einem Sexsklaven-Outfit und paillettenbesetzten Highheels vor.

Experten: Tragen Sie selbst ein Sexsklaven-Outfit und paillettenbesetzte Highheels, und steigen Sie umgehend zum Meister des Scheißegal auf.

Was für ein »eingefleischter Tarantino-Fan« Ihr Kollege ist. Diese Antwort hat nur eine Person eingereicht, aber wer auch immer Sie sind, ich hoffe, dass Sie dieses Buch lesen, denn hierbei handelt es sich um den Heiligen Gral des Drauf-Scheißens. Und ich hoffe, dass auch Ihr Kollege das hier liest, denn er oder sie verdient es, dass Sie ihm Schritt 2 so richtig um die Ohren hauen. Sagen Sie es einfach freiheraus. Seien Sie vollkommen ehrlich. Sie müssen nicht einmal höflich sein. Bitte, erlösen Sie sich und alle anderen in Ihrem Büro von diesem Elend.

Das ultimative Drauf-geschissen-Statement in Sachen Arbeit: die Kündigung

Dass Sie es bis hierher geschafft haben, bedeutet, dass Sie sich mit einigen unangenehmen Wahrheiten über Ihren Job auseinandergesetzt haben. Und vielleicht sind Sie zu dem Schluss gekommen, dass Sie alles daran hassen. Sie haben die Tour durch Ihre Scheune gemacht, Ihre Listen geschrieben, und Ihnen ist klargeworden, dass Ihr blecherner Aktenschrank nur so vor Frust überquillt. Sie kriegen nicht mal mehr die Türen zu, egal, wie sehr Sie sich dagegenwerfen; außerdem machen Sie sich zunehmend Sorgen, dass er umkippen und Sie unter sich begraben könnte.

Ich sage es nur ungern, aber wenn die Dinge so stehen, reicht es vielleicht nicht mehr aus, nur auf Telefonkonferenzen und die Kinder Ihrer Kollegen zu scheißen. Sie brauchen einen ganz neuen Job. Wir sprechen hier von *Schritt 2 extrem: Ich kündige!* Also schön, vielleicht können Sie nicht

---

gleich HEUTE kündigen – ich sage nicht, dass Sie das Buch weglegen, die Troddeln an den Gucci-Slippern Ihres Chefs in Brand stecken und in den Sonnenuntergang reiten sollten, ohne sich darum zu kümmern, wo Ihr nächstes Gehalt herkommt.

Aber betrachten Sie es einmal so: Um Ihr Gehalt kümmern Sie sich ohnehin schon – und zwar jeden Tag, indem Sie zur Arbeit gehen. Die Suche nach einer neuen Arbeit wird Sie kurzfristig zwar mehr Zeit und Energie kosten, aber Ihnen langfristig auch mehr Freude bringen! Sobald Sie den neuen Job haben, ist das Ausgangsniveau wieder erreicht. Und dann gönnen Sie sich vielleicht auch einen neuen Aktenschrank. Den haben Sie sich verdient.

KATEGORIE 3:
FREUNDE, BEKANNTE UND FREMDE

Bei dieser Kategorie werde ich eine etwas andere Herangehensweise wählen, weil die Umstände, unter denen Sie auf Dinge und Ereignisse im Zusammenhang mit Freunden, Bekannten und Fremden scheißen, **zahlreicher, vielfältiger und komplexer sind als in jeder anderen Kategorie.**

Und auch weil Abwechslung die Würze des Lebens ist.

Sofern Sie nicht den Job wechseln (und manchmal sogar dann), gibt es in der Kategorie »Arbeit« eine recht überschaubare Anzahl von Dingen, über die Sie sich Gedanken machen und zu denen Sie ja sagen müssen (neuer Tag, alte Geschichte). »Dinge« sind größtenteils unbelebt und erfordern daher bei Schritt 2 weniger Feingefühl; die Kategorie »Familie« wiederum bietet (teilweise dank all der wunderbaren Feiertagstraditionen, die wir bereits behandelt haben) Jahr um Jahr eine relativ gleichbleibende Menge von

Dingen, Personen und Ereignissen, zu denen es ja oder nein zu sagen gilt.

Die Kategorie »Freunde, Bekannte und Fremde« ist insgesamt deutlich weniger vorhersehbar. Die Menschen kommen und gehen (vor allem Fremde, die einen mit ihren Petitionen und Einparksünden und Gesprächsrunden zur Gemeinde-Sozialarbeit nerven). Außerdem bewegen sie sich oft in Gruppen, was die Umsetzung von Schritt 1, ganz zu schweigen von Schritt 2, kompliziert machen kann.

Zum Glück gibt es ein universelles Ereignis im Leben, das – wenn Sie auch nur ansatzweise seine Tücken und Herausforderungen zu meistern lernen – eine Blaupause für beinahe alle Interaktionen in dieser Kategorie liefert.

Die ultimative Fallstudie, wenn Sie so wollen.

SIE HABEN SICH SCHON GEFRAGT, WANN DAS THEMA HOCHZEITEN ZUR SPRACHE KOMMT, ODER?

Ich mag Hochzeiten. Hochzeiten sind schöne, freudige Ereignisse, die die Liebe zelebrieren und einem lange im Gedächtnis bleiben. Ich war im Laufe meines bisherigen Lebens bereits auf zweiundvierzig Hochzeiten und hatte viel Spaß. Wenn also, was so gut wie unvermeidlich ist, ein Amazon-Rezensent den folgenden Teil aus dem Zusammenhang gerissen zitiert, dann denken Sie einfach daran, dass ich nur sagen will, was ohnehin schon jeder weiß: Hochzeiten reißen ein riesengroßes Loch in Ihr Ja-Budget.

Erinnern Sie sich noch an das Mengendiagramm? Hochzeiten sitzen genau in der Schnittmenge von Zeit, Energie und Geld.

Die ersten Hochzeiten, zu denen man eingeladen wird, sind noch neu und aufregend. Es wird getanzt, es gibt Alkohol und Kuchen en masse, vielleicht sogar einen Fotoautomaten. Juhu, Hochzeiten! Mit der Zeit – das gilt vor allem für Leser in ihren Zwanzigern und Dreißigern, die Freunde und Geschwister und Cousins und Cousinen in ähnlichem Alter haben – werden bestimmt noch viele weitere Hochzeiten folgen. Irgendwann sind sie dann nicht mehr ganz so neu und aufregend, einfach weil sie so *oft* passieren. Vielleicht machen sie einem dann auch nicht mehr ganz so viel Spaß, oder wenigstens spürt man stärker, wie viel Zeit und Energie sie einen kosten. Mit Sicherheit aber werden sie teurer. Und auf einmal hat man zwölf Hochzeitseinladungen – plus die ganzen Zusatzveranstaltungen wie Verlobungsfeiern, Brautpartys und Junggesellen/innenabschiede –, aber nur einen begrenzten Teil des Einkommens, den man dafür verwenden kann. Von einer begrenzten Anzahl Urlaubstage im Jahr gar nicht zu reden.

Wenn Sie in Ihren Fünfzigern, Sechzigern oder Siebzigern sind, werden Sie mittlerweile schon zu den Hochzeiten der Kinder Ihrer Freunde und Bekannten eingeladen! Was bedeutet, dass die Feier für Sie persönlich weniger bedeutungsvoll ist, Sie aber genauso viel Zeit, Energie und Geld investieren müssen, um daran teilzunehmen.

Es ist keine Schande, zuzugeben, dass Sie nicht zu *jeder* Hochzeit, zu der Sie eingeladen werden, tatsächlich auch erscheinen möchten.

Oft bringen Sie Opfer, um dem ganz besonderen Tag Ihrer Freunde (oder der Kinder Ihrer Freunde) beizuwohnen, und Sie tun es gern. Aber manch anderes Mal? Da können

Sie sich vielleicht nicht einmal die Anreise zum Hochzeits-ort leisten. Vielleicht würden Sie gerne kommen, sehen sich aber außerstande, alle sechzehn zusätzlichen Events in Ihrem Terminkalender unterzubringen. Vielleicht kennen Sie das Brautpaar nicht mal besonders gut. Oder vielleicht wollen oder können Sie aus irgendeinem anderen, absolut nachvollziehbaren Grund nicht kommen.

Wir waren alle schon in dieser Situation, auch wenn ich die Einzige bin, die es öffentlich zugibt. Die Hochzeiten anderer Leute sind die Orte, wo die Erleuchteten hingehen, um warmen Wodka aus einem Wodkabrunnen zu trinken und sich in die Arme einer willigen Brautjungfer/eines willigen Trauzeugen zu stürzen.

ALTER SCHEISS, NEUER SCHEISS, GE-BORGTER SCHEISS, BLAUER SCHEISS

Der Grund, weshalb innerhalb der Kategorie 3 gerade Hochzeiten eine exzellente Fallstudie des Ja- und Nein-Sagens darstellen, ist, dass **man dort auf Freunde, Bekannte und Fremde GLEICHZEITIG trifft.**

Betrachten Sie es so: Bei Ihrer eigenen Hochzeit treffen Sie die Entscheidungen – Sie sagen ja (oder auch nicht). Aber wenn es um die Hochzeit *einer anderen Person* geht, wird *trotzdem* noch von Ihnen erwartet, dass Sie zu allen möglichen Dingen ja sagen, und jedes dieser Dinge steht in Verbindung mit einem Freund oder dem Familienmitglied eines Freundes und so weiter und so fort, was bedeutet, dass Sie die Wünsche, Gefühle und Bedürfnisse unzähliger Menschen berücksichtigen müssen, obwohl die für Sie

171

allenfalls entfernte Bekannte oder sogar gänzlich Fremde sind.

Für eine kurze (oder auch nicht so kurze) Zeit stehen Sie also vor einem Riesenberg von Dingen, zu denen Sie ja sagen sollen – ein Ja-Berg, der ausreicht, um das Bruttosozialprodukt einer kleinen Nation zu stemmen. Tuvalu beispielsweise, wenn es sich um eine intime Zeremonie im kleinen Rahmen handelt. Oder die Föderierten Staaten von Mikronesien bei einem bombastischen Empfang mit Smoking-Pflicht und allem Drum und Dran.

Sie haben keinen Bock, ein Foto für die Diashow beim Dinner nach der Hochzeitsprobe beizusteuern? Grundsätzlich ist das Ihre Entscheidung – aber sie betrifft auch Ihre Freundin, die das Bild mit Ihnen beiden in aufeinander abgestimmten Halloween-Kostümen aus der dritten Klasse schmerzlich vermissen wird; darüber hinaus betrifft sie den armen Esel, der sich dazu hat überreden lassen, die Diashow zu organisieren, und der genügend Bilder zusammenbekommen muss, um eine PowerPoint-Präsentation zu füllen, die genauso lang dauert wie »My Heart Will Go On«. (Scheiß auf PowerPoint!)

Außerdem wird es vermutlich die Brautmutter betreffen, denn *alles* betrifft die Brautmutter.

Sie haben keine Ahnung, was das »Creative-Chic-Sommer-Cocktail-Party«-Kleidermotto für die Hochzeitsfeier Ihrer Freundin im Country Club des Bräutigams mitten im drückendsten August zu bedeuten hat? Sicher, Sie können sich einfach einen kurzärmeligen Jersey-Jumpsuit von Old Navy anziehen, aber dann laufen Sie Gefahr, a) die Schwiegereltern zu brüskieren, b) mindestens zwei Fotos zu versauen und c) den Neid aller Anwesenden auf sich zu ziehen, weil Sie es so herrlich bequem haben. Möglicherweise ist sogar jemand so neidisch, dass er oder sie »versehentlich« sein Glas Shiraz auf Ihrem Jumpsuit verschüttet.

Wenn es um Hochzeiten geht, sollte man Schritt 2 mit allergrößter Vorsicht angehen, damit einem hinterher nichts leidtun muss und die Sache ohne schluchzende Bräute, gekündigte Freundschaften und Kreditkartenschulden über die Bühne geht. Und wenn ich von »großer Vorsicht« rede, meine ich eine Vorsicht wie beim Umgang mit gefährlichen Giftstoffen. (Bei längerem Nachdenken ist es wirklich zu schade, dass Chemikalienschutzanzüge keine geeigneten Kleidungsstücke für Hochzeiten sind.)

Doch sobald Sie das filigrane Duett von Ehrlichkeit und Höflichkeit gemeistert haben, das nötig ist, um eine Hochzeit mit möglichst geringen Verlusten zu überstehen, sind Sie auf dem besten Weg, das Maximum an Freude herauszuholen, und das nicht nur bei jeder Hochzeit, an der Sie künftig teilnehmen (oder nicht teilnehmen) werden, sondern **im Leben ganz allgemein.**

Ganz genau, die NotSorry-Methode auf Hochzeiten anzuwenden ist eine Meisterklasse für sich!

Weiter unten werde ich vier Szenarien schildern, die im Kontext von Hochzeiten häufig auftreten, mit denen Sie sich daher eines Tages konfrontiert sehen könnten und auf die Sie (zumindest teilweise) zu scheißen lernen sollten. Diese Szenarien werden Ihre Entschlossenheit auf eine harte Probe stellen, Sie aber auf dem Pfad der Erleuchtung einige große Schritte voranbringen. Zu jedem Szenario gibt es eine **Ehrlichkeit-Höflichkeit-Matrix**, wobei die Position innerhalb der Matrix den relativen Ehrlichkeits-/Höflichkeitsgehalt der jeweiligen Handlung darstellt. Auf diese Weise können Sie genau sehen, wie sich Ihr Ziel (im Sinne

der NotSorry-Methode) am besten verwirklichen lässt –
und wann die Gefahr besteht, dass Sie dem Arschloch-Quadranten zu nahe kommen oder sogar darin landen.

DIE HOCHZEIT, DIE AN EINEM FEIERTAGSWOCHEN-ENDE STATTFINDET

Ausgangssituation: Ihre Freunde heiraten an einem lan-
gen Wochenende, entweder in den Ferien oder an einem
Feiertag – ein Wochenende, das Sie sich traditionell für
einen schönen Kurzurlaub oder ein Familientreffen freihal-
ten. Vielleicht ist ein solches Feiertagswochenende der einzige Zeitpunkt, an dem Braut und Bräutigam lange genug
freihaben. Oder vielleicht sind sie Lehrer, und ein Termin
in den Osterferien ist für sie die natürliche Wahl. Vielleicht
hoffen sie auch, dass die Gäste auf diese Weise den zusätzlichen freien Tag nutzen können, um sich ohne Stress auf
die Festivitäten vorzubereiten – und das ist doch echt nett
von ihnen! –, aber Sie stehen nun vor der Entscheidung:
Entweder *Der Urlaub Auf Den Sie Sich Schon Das Ganze Jahr
Über Freuen* oder aber *Drei Tage Lachs Und Small Talk In
Tampa*. Ihr erklärtes Ziel ist Ersteres.
Was tun Sie?

DIE HOCHZEIT, DIE AN EINEM FEIERTAGSWOCHENENDE STATTFINDET

EHRLICH

UNHÖFLICH

HÖFLICH

UNEHRLICH

„NORMALERWEISE FLIEGEN WIR DA IMMER MIT BEKANNTEN NACH MIAMI. ABER VIELLEICHT KÖNNTEN WIR SIE JA ZU EURER HOCHZEIT MITBRINGEN? SAGT EINFACH BESCHEID!"

ANTWORTEN SIE „ICH KANN LEIDER NICHT KOMMEN" UND SCHICKEN SIE EIN SCHÖNES GESCHENK.

„ICH FÜHLE MICH GEEHRT, DASS IHR MICH EINLADET; LEIDER KANN ICH AN DEM WOCHENENDE NICHT.

„WÄRE ES MÖGLICH, DIE HOCHZEIT AUF EIN ANDERES WOCHENENDE ZU VERSCHIEBEN?"

„ICH WÜRDE WIRKLICH GERNE KOMMEN, DUMMERWEISE HABE ICH GERADE EINEN TERMIN ZUR ENTFERNUNG MEINES BLINDDARMS GEMACHT ... IN DEN HAMPTONS."

„ACH, MENSCH, GERADE DAS IST UNSER TIMESHARE-WOCHENENDE AUF MAUI. SCHADE, DASS ICH NICHT AN ZWEI ORTEN GLEICHZEITIG SEIN KANN!"

ARSCHLOCH-QUADRANT

DIE WEITE ANREISE ZUM JUNGGESELLEN- ODER JUNGGESELLINNENABSCHIED

Ausgangssituation: Sie und Ihre bessere Hälfte geben bereits Hunderte (Tausende?) Dollar plus kostbare Urlaubszeit aus, um der Hochzeit Ihrer Freunde beiwohnen zu können. Was soll's, so ein Tag kommt nur einmal im Leben! Dummerweise finden der Junggesellen- bzw. Junggesellinnenabschied ebenfalls weit weg statt, so dass auch hier Kosten für Flug und Hotelaufenthalt anfallen. In Las Vegas respektive Montreal beispielsweise. Wenn es sich um Ihre allerbesten Freunde auf der ganzen weiten Welt handelt und Sie Himmel und Hölle in Bewegung setzen (sowie Ihre Visakarte überziehen) würden, um mit ihnen zu feiern, dann nur zu. Es ist Ihre Entscheidung. Für den Zweck unserer Matrix jedoch nehmen wir an, dass Sie sich Hochzeit *und* Junggesellenabschied nicht leisten können – aber ein Arschloch sein wollen Sie auch nicht.

Wie antworten Sie?

DIE WEITE ANREISE ZUM JUNGGESELLEN- ODER JUNGGESELLINNENABSCHIED

EHRLICH

● „KLINGT SUPER!
WENN JEMAND ANDERS
ZAHLEN WÜRDE, WÄRE ICH
SOFORT DABEI!"

SAGEN SIE UNTER
AUSDRUCK IHRES BE-
DAUERNS AB UND
SCHICKEN SIE EINE
FLASCHE CHAMPA-
GNER/EINEN STRIP-
PER INS HOTEL. ●

●

„TAUSEND DANK FÜR
DIE EINLADUNG, ABER
ICH KANN ES MIR BEIM
BESTEN WILLEN NICHT
LEISTEN."

UNHÖFLICH ←——————————————→ **HÖFLICH**

„DAS WÜSTENKLIMA IST
GIFT FÜR MEINE NEBEN-
HÖHLEN; AUßERDEM HABE
ICH KEINE LUST."
●

●
„EHRLICH GESAGT
LÄSST MAN MICH GAR
NICHT MEHR NACH
KANADA EINREISEN."

ARSCHLOCH-QUADRANT

UNEHRLICH

DIE HOCHZEIT MIT DEN
SECHSTAUSEND AKTIVITÄTEN

Ausgangssituation: Die Verlobte Ihres guten Freundes ist ein unglaublich unternehmungslustiger Mensch. Sie und ihre Familie können einfach nicht stillsitzen, denn sonst müssten sie sich ja mit ihren *Gefühlen* auseinandersetzen. Daher trudelt die Hochzeitseinladung zusammen mit einem Heftchen voller Aktivitäten ein: Yoga am Morgen, Paddeln, eine Wanderung, Scharaden und ein Krocket-Wettkampf zwischen der Familie der Braut und der des Bräutigams. Die vielen Unternehmungen würden Ihr idyllisches (und im Übrigen scheißteures!) Wochenende in dem schicken Spa-Resort ruinieren, in dem die Hochzeit stattfindet. Sie haben Lust auf eine Massage und eine Partie Golf, aber nicht auf eine Schatzsuche um acht Uhr morgens mit einer Horde aufgekratzter Fremder.

Wie gehen Sie damit um?

DIE HOCHZEIT MIT DEN SECHSTAUSEND AKTIVITÄTEN

EHRLICH

ENTSCHULDIGEN SIE
SICH VON DEN AKTIVI-
TÄTEN, WEIL SIE FÜR
DEN HAUPTEVENT,
DER EIGENTLICHEN
TRAUUNG, „GUT AUS-
GERUHT" SEIN MÖCH-
TEN.

UNHÖFLICH

HÖFLICH

TRAGEN SIE SICH FÜR
EINIGE AKTIVITÄTEN
EIN, UM DEN SCHEIN
ZU WAHREN, UND
WENN ES SO WEIT IST,
SCHIEBEN SIE EINEN
VERDORBENEN MAGEN
VOR.

SAGEN SIE DER BRAUT,
WIE „WUNDERSCHÖN"
DIE WANDERUNG WAR ...
OBWOHL SIE GAR NICHT
TEILGENOMMEN HABEN.

„HEFTCHEN?
WELCHES HEFTCHEN?"

BETONEN SIE, WIE GROẞARTIG
SICH DIE AKTIVITÄTEN AN-
HÖREN, DASS IHR ARZT IHNEN
ABER LEIDER GERATEN HABE,
„JEGLICHE KÖRPERLICHE AN-
STRENGUNG ZU VERMEIDEN, BIS
DIE FÄDEN GEZOGEN SIND."

ARSCHLOCH-QUADRANT

UNEHRLICH

DER BRUNCH AM MORGEN DANACH

Ausgangssituation: Bei vielen Hochzeiten gibt es von Haus aus einen Brunch am Morgen nach der Feier – eine Gelegenheit, das Wochenende gemeinsam ausklingen zu lassen; dieser Brunch findet üblicherweise statt, bevor man aus dem Hotel auschecken muss, und mindestens die Hälfte der Gäste hat einen Mörder-Kater. Sie sind wild entschlossen, einer dieser Gäste zu sein, daher wollen Sie lieber gründlich ausschlafen, bevor Sie Ihren 480 Dollar teuren Heimflug antreten. Außerdem wollen Sie keinem der Verwandten begegnen, die Sie vielleicht am Abend zuvor mit Ihrer Rihanna-inspirierten Tanzeinlage schockiert haben – schon gar nicht bei trockenem Toast und Eiern.

Was tun?

DER BRUNCH AM MORGEN DANACH

EHRLICH

• SAGEN SIE AB, INDEM SIE AUF DIE ANTWORTKARTE „ICH HASSE BRUNCH" SCHREIBEN.

SAGEN SIE ZU MIT EINEM KLEINEN *
(*WENN ES EINE OFFENE BAR GIBT!!!)

IGNORIEREN SIE DIE BRUNCH-FRAGE; WENN SIE DANN DOCH AUFKREUZEN, HABEN SIE DIE IN SIE GESETZTEN ERWAR-TUNGEN ÜBERTROFFEN.

KREUZEN SIE „NEIN" AN UND MALEN SIE EINEN KLEINEN TRAURIGEN SMILEY DANEBEN.

UNHÖFLICH ←——————————→ **HÖFLICH**

SAGEN SIE AB, DENN „DER EINZIGE FLUG NACH HAUSE GEHT UM SIEBEN UHR"; WENN MAN SIE UM 11:54 BEIM AUSCHECKEN ERWISCHT, BEHAUPTEN SIE, IHR FLIEGER HABE VERSPÄTUNG.

SAGEN SIE ZU, OBWOHL SIE GANZ GENAU WISSEN, DASS SIE NICHT KOMMEN WERDEN, UND SCHIEBEN SIE HINTER-HER DIE SCHULD AUF IHRE „MIGRÄNE".

ARSCHLOCH-QUADRANT

UNEHRLICH

Ich hoffe, dass dies eine nützliche Übung für Sie war. Die Ehrlichkeit-Höflichkeit-Matrizen sollen Ihnen zeigen, dass **die NotSorry-Methode einfach und flexibel ist.** Sie kann von ganz unterschiedlichen Menschen in unterschiedlichen Situationen angewendet werden, abhängig von den spezifischen Begleitumständen.

Solange Sie nicht im Arschloch-Quadranten landen, ist alles in Butter!

KRIEGEN SIE KALTE FÜSSE? BESINNEN SIE SICH AUF DAS PRINZIPIEN-ARGUMENT

Wenn es um Hochzeiten oder das Leben im Allgemeinen geht; wenn Ihre Scheiß-drauf-Liste lang ist und Ihre Fähigkeit zur Ehrlichkeit und Höflichkeit aufs Ärgste strapaziert zu werden droht, dann vergessen Sie nicht: Das Prinzipien-Argument bietet immer einen Ausweg. Natürlich sollten Sie sich hüten, den Bogen zu überspannen, sonst kommen Ihnen die Leute irgendwann auf die Schliche. Sehen Sie sich eher als Fußballtrainer, der die richtige Taktik für einen Freistoß plant – er soll den Gegner überrumpeln und im Tor landen. Korrekt ausgeführt, kann er dem Spiel die entscheidende Wendung geben.

KATEGORIE 4: FAMILIE

Wie bereits in Teil II erwähnt, gab es im Bereich Familie so viele sich überschneidende Umfrage-Antworten, dass wir fast die gesamte Bandbreite abgedeckt haben – nur ein Thema haben wir bislang nicht berücksichtigt.

Das Nicht-berücksichtigt-Werden ist sogar Teil des Problems.

Ganz richtig. Die Rede ist von **ERBSCHAFTEN**.

Das Thema »Erbschaften« befindet sich gewissermaßen dort, wo sich alle Instrumente und Überlegungen treffen, die wir im Zusammenhang mit Schritt 1 (betrifft andere Menschen, Gefühle vs. Meinungen, Ja-Budget, Verpflichtungen/Schuldgefühle) und Schritt 2 (Ehrlichkeit und Höflichkeit, ein/kein Arschloch sein) behandelt haben.

Ob es um bares Geld oder alte Erinnerungsstücke geht, das Problem des Erbens scheint übertrieben viel Zeit und Energie in Anspruch zu nehmen, vor allem wenn man sich darüber zankt, wer was bekommen/verdient hat oder nicht bekommen/verdient hat.

Und trotzdem behaupten zahlreiche Teilnehmer meiner Umfrage, dass Ihnen Erbschaften total am Arsch vorbeigehen.

Hmm …

Das lässt meines Erachtens nur einen Schluss zu: Geld gilt allgemein als eines der heikelsten Themen in Beziehungen. Daher könnten es selbst diejenigen, die es grundsätzlich nicht die Bohne interessiert, wie Opas Briefmarkensammlung zwischen den sechs Geschwistern aufgeteilt wird – und die dies auch in einer anonymen Umfrage zugeben –, schwer haben, gegenüber ihren Familien die volle Kraft der NotSorry-Methode zu entfesseln.

Erbschaften sind ein heikles Thema, keine Frage. Aber wenn all diejenigen, die angeblich einen Scheiß auf Erbschaftsfragen geben, *tatsächlich* **einen Scheiß darauf geben würden** – laut und deutlich und ohne Kompromisse –, könnten wir alle unsere Zeit damit verbringen, uns an der Familie (und Opas seltenen Fehldrucken) zu erfreuen, die wir haben, statt uns über die zu streiten, die wir nicht haben.

Ganz schön tiefsinnig, ich weiß.

LEISTUNGSZULAGEN!

In Teil II habe ich festgestellt, dass **einige Familiendinge leider nicht verhandelbar sind. Aber ich habe auch versprochen, Ihnen zu zeigen, wie Sie das Beste aus einer mittelmäßigen Situation herausholen.** Wenn Sie also Schritt 1 vollendet und beschlossen haben, worauf Sie scheißen wollen, aber gleichzeitig wissen, dass Schritt 2 in einem konkreten Fall schlichtweg unmöglich ist – keine Chance, nur über die Leiche Ihrer Mutter –, dann **sollten Sie wenigstens einige Leistungszulagen für sich einbauen.**

Zum Beispiel: Wenn sich ein feiertägliches Familientreffen partout nicht umgehen lässt, buchen Sie für den nächsten Tag eine Massage, dann haben Sie etwas, worauf Sie sich freuen können. Oder noch besser: Wünschen Sie sich die Massage als Geschenk; dann kommt Ihre Familie wenigstens für ihr Ja auf!

(Profitipp: Ein Erste-Klasse-Upgrade auf dem Heimflug nach einem nervenaufreibenden Familientreffen ist ebenfalls eine wirkungsvolle, wenngleich sündhaft teure Streicheleinheit für Ihre geplagte Seele.)

Wenn Sie schon das Mittagessen der Rotarier über sich ergehen lassen müssen, bei dem Ihre Mutter für ihre Verdienste um den Ort geehrt wird, in dem Sie groß geworden sind und den Sie sofort nach Ihrem achtzehnten Geburtstag fluchtartig verlassen haben, stibitzen Sie sich vorher wenigstens eine von diesen kleinen Glückspillen aus dem Medizinschrank Ihrer Mutter.

Und wenn Sie keine Chance sehen, dem Gruppenfoto fernzubleiben, tragen Sie die albernste oder verruchteste Unterwäsche, die Sie haben. Ich garantiere Ihnen, der Vorgang wird Ihnen gleich viel erträglicher erscheinen. Außerdem: Wenn die Bilder Ihre Facebook-Seite zu verstopfen drohen und es Kommentare hagelt à la *»Was für eine schöne Familie!!!!«* und *»OMG, wie groß alle geworden sind!«*, können Sie sich heimlich freuen, dass Sie dabei Ihren POISON PARTIED HERE-Stringtanga getragen haben.*

FAQS – HÄUFIG GESTELLTE FRAGEN

Ich dachte mir, es könnte hilfreich sein, an dieser Stelle einige Fragen zu beantworten, die mir oft gestellt werden, wenn ich anderen von der NotSorry-Methode erzähle – Fragen, die Ihnen, während Sie munter Punkte auf Ihren diversen Listen durchgestrichen haben, bestimmt auch in den Sinn gekommen sind. Ich weiß, wie das ist, glauben Sie mir. Sie haben einige wichtige Entscheidungen getroffen – aber dann *wirklich* auf etwas scheißen? Das ist leichter gesagt als getan. Mein Rat: Nutzen Sie das Feuer, während es heiß in Ihnen lodert. »Was du heute kannst besorgen, das

---

* Es *könnte* sein, dass ich selbst stolze Besitzerin eines POISON PARTIED HERE-Stringtangas bin.

verschiebe nicht auf morgen« – also, sortieren Sie Ihre Jas und fangen Sie an, Ihr bestmögliches Leben zu leben!

In diesem Sinne: Hier sind einige der Fragen, die Ihnen dabei helfen sollen, sich bei Schritt 2 wohler zu fühlen.

F: **Leuten zu sagen, dass ich auf etwas scheiße, kommt mir schon an sich sehr unhöflich vor. Finden Sie das nicht ein bisschen krass?**

A: Wenn Sie Probleme mit dem S-Wort haben, müssen Sie es ja nicht laut aussprechen. Sie können Ihre Entscheidung auch auf vollkommen jugendfreie Weise kommunizieren (beispielsweise: »Ich muss gestehen, ich teile deine Meinung in Bezug auf X nicht, aber mach du ruhig dein Ding!«). Ich glaube zwar, das würde nicht ganz so viel Spaß machen, aber das ist nur meine Sicht der Dinge und muss Sie nicht kratzen.

F: **Ich mache mir Sorgen, dass ich, sobald ich anfange, auf Dinge zu scheißen, gar nicht mehr damit aufhören kann und zu einer faulen, egoistischen Sau werde.**

A: Das ist eine berechtigte Sorge, aber das Ziel der NotSorry-Methode ist *nicht*, einen Zustand von »100 %draufgeschissen zu erreichen (ein lustiges, wenngleich unpraktisches Hashtag). Ziel ist vielmehr, diejenigen Dinge aus Ihrem Leben zu verbannen, die Ihnen keine Freude bringen, und den Weg für all das zu bereiten, was Sie glücklich macht.

F: **Wenn es so befreiend sein soll, auf etwas zu scheißen, wieso fühlt es sich dann so unangenehm an?**

A: Nackt herumzulaufen ist auch befreiend. Aber es kann auch unangenehm sein, weil die Gesellschaft dafür noch nicht bereit ist. Alles, was Sie brauchen, ist ein bisschen Selbstbewusstsein (und Babypuder). Sie werden schon sehen.

F: **Wie soll ich das nur meiner Mutter erklären?**

A: Schicken Sie ihr einfach ein Exemplar dieses Buches. So werde ich es jedenfalls handhaben.

F: **Obwohl alles, was Sie schreiben, absolut plausibel ist [Danke schön!], *weiß* ich einfach, dass ich es nicht schaffen werde, nein zu sagen, wenn es um _____ geht.**

A: Darauf kann ich nur Folgendes antworten: Das weiß man erst, wenn man es versucht hat. Wissen Sie noch, dass ich Ihnen von meinem Mann erzählt habe, der mich für völlig plemplem hielt, als ich ihn fragte, ob ich seine Sockenschublade aufräumen dürfe? Und schauen Sie, was daraus geworden ist!

F: **Was, wenn ich beschließe, auf etwas zu scheißen, es hinterher aber bereue?**

A: Das ist doch nichts als eine Verzögerungstaktik.

F: **Ich hätte es nicht gern, wenn andere mir sagen, dass sie auf etwas scheißen, das *mir* wichtig ist. Wie kann ich *ihnen* da sagen, dass ich auf etwas scheiße, das *ihnen* wichtig ist?**

A: Lassen Sie mich die Frage in leicht anderer Formulierung an Sie zurückgeben: Würden Sie wollen, dass jemand etwas nur aus Pflichtgefühl oder schlechtem Gewissen für Sie tut, obwohl Sie *wissen*, dass er es gar nicht tun will? Die Antwort auf diese Frage sollte stets nein lauten, andernfalls sind Sie ein Arschloch. Und Sie würden niemals erfahren, was der andere will oder nicht will, wenn er nicht die Gewissheit hätte, offen mit Ihnen darüber reden zu können. Das Gleiche gilt für

Sie. Genau das ist die Art, wie Schritt 2 seine lebensverändernde Magie entfesselt – und zwar für alle.

OB JA ODER NEIN – SO HOLEN
SIE MEHR HERAUS

Ich möchte nochmals auf das übergeordnete Ziel der Not-Sorry-Methode zurückkommen. Es geht nicht nur darum, auf Dinge zu scheißen, die einem Frust bringen – sondern darum, dass wir uns freimachen, damit wir zu den Dingen, die uns echtes Glück schenken, besser und lustvoller ja sagen können.

Wenn es in Teil III dieses Buches darum ging, zu etwas nein zu sagen (auf etwas zu scheißen), so wird es im folgenden vierten Teil darum gehen, was Sie durch Ihr Nein-Sagen gewonnen haben: mehr Zeit, Energie und/oder Geld für das, was Ihnen am Herzen liegt.

In Teil IV wird die lebensverändernde Magie endlich Wirklichkeit werden ...

IV.

DIE MAGIE DES NEIN-SAGENS

WIRD IHR LEBEN

DRAMATISCH

VERÄNDERN

An dieser Stelle in Ihrem Studium der NotSorry-Methode haben Sie gelernt, darauf zu scheißen, was andere Leute denken; Sie können effizient und sicher abwägen, wozu Sie ja sagen und worauf Sie scheißen wollen; Sie haben eine definitive Liste von Dingen erstellt, die Ihnen am Arsch vorbeigehen, und eine andere Liste mit Dingen, die Ihnen wichtig sind.

Bravo!

Aller Wahrscheinlichkeit nach haben Sie sich dadurch Hunderte von Stunden freier Zeit zurückerobert, die Sie früher für Leute und Dinge verschwendet haben, die Ihnen nichts bedeuteten. Wenn Sie alles richtig gemacht haben, wurden Sie nicht gefeuert, und Gail aus der Marketing-Abteilung hat nicht Ihr Haus abgefackelt. Sie haben sich Ihre Haltung zu Pflichtgefühlen, zu Karaoke und zu Island bewusst gemacht. Sie haben nur die Freunde verloren, die Sie sowieso nicht wirklich behalten wollten, und es vermieden, sich neue anzuschaffen, die Sie nicht brauchen. Nicht nur das: Sie sind wahrscheinlich auch ein ehrlicherer, höflicherer Mensch geworden – was doch ein ganz ausgezeichneter Nebeneffekt meiner Methode ist, selbst wenn das nach Eigenlob klingt.

Sie kommen dem im Teil I erwähnten Zustand des erleuchteten Ja-Sagens stetig näher. Sie haben Ihr Ja-Budget aufgestellt, alles eliminiert, was Ihnen Frust bringt, und diejenigen Menschen und Dinge identifiziert, die Ihnen am meisten Freude und Zufriedenheit schenken. So leben Sie Ihr bestmögliches Leben.

Apropos: Teil IV enthält sogar eine Liste mit Dingen, mit denen Sie sich, nun da Sie so viel freie Zeit, Energie und Geld haben, beschäftigen könnten. Dinge, die Ihnen eine ganz neue Landschaft der Freude eröffnen!

Wenn Sie immer noch nicht restlos überzeugt sind, nur zu, lesen Sie weiter ...

WER NEIN SAGT, GEWINNT

In Teil III habe ich empfohlen, dass **Sie Ihren möglichen Gewinn visualisieren**, damit es Ihnen leichter fällt, Schritt 2 tatsächlich auszuführen. Ausgehend von der Annahme, dass Sie dies getan haben – hurra! –, lohnt es sich jetzt, **den Zugewinn, den Sie durch Ihr Nein-Sagen erreicht haben, exakt zu quantifizieren.** Ich denke, Sie werden das als überaus befriedigend und motivierend empfinden.

Wie bereits erwähnt, ist das Erste, was man gewinnt, wenn man mit seinen Jas sparsamer umgeht, ZEIT. Zeit, um seelenruhig auf dem Klo zu meditieren, statt sich in aller Eile fertigzumachen, damit man es rechtzeitig zur Telefonkonferenz schafft; Zeit, dieses preisgekrönte Brownie-Rezept auszuprobieren, statt *Moby Dick* für den Bücherclub zu lesen (wer hat das eigentlich ausgesucht?); Zeit, die Sie mit Ihren Liebsten verbringen können, statt mit, na ja ... irgendwelchen blöden Säcken, die Sie nicht einmal mögen.

Wie viel Zeit haben Sie hinzugewonnen? Drei Stunden? Zehn Minuten? Ein Wochenende pro Monat? Ich rieche eine Liste!

ZEIT, DIE ICH GEWONNEN HABE, INDEM ICH AUF DINGE SCHEISSE

POSTEN	GEWINN
Beispiel: nicht mehr die *MTV Video Music Awards* im Fernsehen schauen	2 Stunden
_____	_____
_____	_____
_____	_____
_____	_____
_____	_____
_____	_____
_____	_____
_____	_____
_____	_____
_____	_____
_____	_____
_____	_____

Das Zweite, was die NotSorry-Methode Ihnen zurückgibt, ist ENERGIE. Es kann etwas Einfaches sein wie ein schönes Nickerchen oder auch etwas Komplexes wie der Energiezugewinn dadurch, dass Sie etwas Bestimmtes *nicht* mehr machen – diesen CrossFit-Kurs zum Beispiel, für den Sie sich sowieso nur angemeldet haben, weil Ihre beste Freundin Sie dazu gedrängt hat. Diese Energie können Sie dann auf etwas verwenden, was Sie lieber tun würden, zum Beispiel endlich mal Ihr Auto aufzuräumen, das allmählich so riecht, als würde ein Puma darin wohnen.

ENERGIE, DIE ICH GEWONNEN HABE,
INDEM ICH AUF DINGE SCHEISSE

POSTEN	GEWINN
Beispiel: Sich am Margarita-Montag nicht zusammen mit den Kollegen den Schädel wegsaufen	Keine Selbstmordgedanken am Dienstag
_____	_____
_____	_____
_____	_____
_____	_____
_____	_____
_____	_____
_____	_____
_____	_____
_____	_____
_____	_____

Zu guter Letzt kommt das GELD. Wie der amerikanische Humorist und Performer Will Rogers einmal sagte: »Zu viele Leute geben Geld aus, das sie nicht haben, um Dinge zu kaufen, die sie nicht wollen, damit sie Leute beeindrucken, die sie nicht mögen.« Gut gebrüllt, Löwe!

Und da Geld besonders leicht zu beziffern ist, ist es umso befriedigender, wenn die Anwendung der NotSorry-Methode greifbare finanzielle Vorteile zur Folge hat. Wenn Sie beispielsweise künftig auf Designerklamotten scheißen – unter anderem weil Sie auf die Meinung anderer Leute pfeifen –, können Sie jedes Jahr Hunderte oder sogar Tausende Dollar sparen. Ich kenne so viele Frauen, vor allem in New York City, die unter dem Druck stehen, Unsummen für Markenklamotten auszugeben, obwohl Kleider zum halben Preis genauso gut aussehen und sie genauso glücklich machen würden.

GELD, DAS ICH GEWONNEN HABE, INDEM ICH AUF DINGE SCHEISSE

POSTEN	GEWINN
Beispiel: Nicht zum Junggesellenabschied nach Las Vegas fliegen	1000 $*

* Hin und wieder werden Sie *etwas* Geld ausgeben müssen, um ein guter Freund zu sein und ein reines Gewissen zu haben. In solchen Fällen könnten Sie ein singendes Telegramm schicken. Dann sähe die Gleichung so aus: GESPARTES GELD (1000 $) – ERSATZ-AUSGABEN (200 $ für singendes Telegramm) = NETTO-ERSPARNIS (800 $). Immer noch ansehnlich!

Oder stellen wir uns vor, dass Sie irgendwo in einem hübschen Vorort leben und keinen Bock haben, allsonntäglich zum Fußballspiel Ihres sechsjährigen Neffen zu fahren. (Sagen wir es mal so: Die Chancen, dass er irgendwann einmal Profi wird und Ihnen Freikarten für die WM 2034 besorgen kann, stehen eher schlecht.) Sie sparen dadurch nicht nur Zeit und Energie, sondern auch Geld! Die Benzinkosten läppern sich, und Tantchen braucht unbedingt eine neue No-Name-Sonnenbrille.

Ja, der Pfad zur Erleuchtung ist gepflastert mit Freizeit, neuer Energie und barem Geld.

IHRE JAS HABEN EINFLUSS AUF KÖRPER, GEIST UND SEELE

Das war noch nicht alles! Vielleicht haben Sie gar nicht damit gerechnet, aber der einfache Akt des Nein-Sagens kann zu einer **allgemeinen Verbesserung Ihrer körperlichen und seelischen Gesundheit führen.**

Überlegen Sie: Sie haben nicht nur Zeit, Energie und Geld zurückgewonnen – sondern auch Wissen über sich selbst, Selbstvertrauen und eine fast kindliche Lust am Leben. Außerdem haben Sie sich eine Menge Kopfschmerzen erspart. Buchstäblich. Um Sodbrennen, Angstzustände und Übelkeit gar nicht zu erwähnen. Erinnern Sie sich noch an die Karaoke-Party Ihres Kollegen, zu der Sie nicht gegangen sind? Stellen Sie sich den Kater vor, den Sie am Tag danach vielleicht gehabt hätten! Sie hätten eine Margarita nach der anderen gekippt, damit Sie Tim aus der EDV nicht mit dem Mikrophonkabel erdrosseln.

Der nächste Morgen wäre die Hölle gewesen, glauben Sie mir.

Aber wenn Sie nein sagen? Kein unruhiger Schlaf, kein Schädelbrummen am nächsten Morgen, kein trockener Mund während Ihrer Präsentation im Büro, und Sie zählen nicht im Geiste die Minuten, bis Sie in der Mittagspause endlich ein Nickerchen unter Ihrem Schreibtisch machen können. Kein steifer Nacken als unmittelbare Folge besagten Nickerchens ... Die Ergebnisse der Kosten-Nutzen-Analyse sprechen für sich.

Sie haben mehr **Zeit**, um nach der Arbeit das zu tun, was Sie wirklich tun möchten (in Unterwäsche auf der Couch sitzen, Junkfood essen und *American Ninja Warrior* glotzen);

Sie haben **beschlossen**, dass es schöner ist, *Ninja Warrior* zu glotzen, als mit Tim aus der EDV Karaoke zu singen (und Sie haben diesem Entschluss entsprechend gehandelt, denn **Sie geben einen Scheiß darauf, was Tim oder andere über Ihre Prioritäten denken**);

Sie haben mehr **Energie** am nächsten Morgen, um sich unfallfrei zu rasieren (ob nun im Gesicht, an den Beinen oder in der Bikinizone – Kater + Rasierklinge = keine gute Kombination);

Und Sie haben das **Geld** gespart, das Sie andernfalls für Tequila und die nächtliche Pizzabestellung ausgegeben hätten, mit der Sie (vergeblich) versucht hätten, den Alkohol in Ihrem Körper zu binden.

Ja, Sie werden, ein fröhliches Liedchen pfeifend, durch den Pausenraum tanzen, während Ihre Kollegen unter ihren Schreibtischen schnarchen. Wahrscheinlich erledigen Sie an dem Tag auch viel mehr Arbeit, weil die anderen zu verkatert sind, um Ihnen auf den Geist zu gehen!

Denken Sie nur an all die anderen aufregenden Vorteile für Körper, Geist und Seele, die ein einfaches Nein mit sich bringt:

KÖRPER

Sehr viele Jas haben einen Kater zur Folge – das haben wir bereits in aller Ausführlichkeit besprochen –, aber was ist mit denen, die zu tatsächlichen körperlichen Verletzungen führen können?

Ich kann mich noch lebhaft an einen Morgen erinnern, an dem ich zehn Minuten gegen meinen Bruder Scrabble auf dem Tablet gespielt habe, statt rechtzeitig zur U-Bahn zu gehen. Ich wusste, dass es knapp werden würde, aber es machte mir einfach zu viel Spaß, ihn mit dem Wort »Yak« plus dreifachem Wortwert zu *vernichten*, bevor ich ins Büro fuhr.

Als ich dann die Treppe zum Bahnsteig runterlief, war die Bahn – natürlich – im Begriff abzufahren. Ich rannte los (in Highheels – das war, bevor ich anfing, auf Highheels zu scheißen), um sie noch zu erwischen. Ich verfehlte sie um Zentimeter, dafür verstauchte ich mir den Knöchel. Ich war verschwitzt, völlig außer Atem, mein Fuß schwoll an, und ich hatte eine Scheißlaune.

Danach habe ich »Rennen, um die Bahn zu erwischen« auf meine Scheiß-drauf-Liste gesetzt und ein Vermögen gespart, das andernfalls für orthopädische Behandlungen draufgegangen wäre.

GEIST

Mentales Entrümpeln ist noch besser als materielles Entrümpeln, weil es nicht vor Wänden oder Decken haltmacht. Das Innere Ihres Schädels mag nach wie vor mit glibberiger grauer Substanz gefüllt sein, aber diese unsichtbaren Ecken und Winkel voller Angst, Sorge, Panik und Furcht sind sauberer gewischt als der Boden einer Kirche, kurz bevor der Papst zu Besuch kommt. Die Vorteile des Nein-Sagens für Ihre geistige Gesundheit können gar nicht genug gewürdigt werden.

Zum Beispiel: Überlegen Sie, was in einigen Jahrzehnten passieren könnte, wenn Sie heute beschließen, auf sonntägliche Kirchenbesuche zu scheißen (sorry, Papst!), um stattdessen dieses verteufelt knifflige Kreuzworträtsel in der Sonntagszeitung zu lösen. Ihr zukünftiges, nicht an Demenz leidendes Ich wird Ihnen unendlich dankbar sein! Geistige Klarheit ist nicht mit Geld aufzuwiegen.

SEELE

Jetzt wird es ein bisschen esoterisch, aber haben Sie Nachsicht mit mir. Nicht jeder gibt etwas auf die althergebrachte Definition von Seele als einer ätherischen Lebenskraft, die unabhängig vom physischen Körper existiert; trotzdem möchte ich wetten, dass die meisten von uns die Bedeutung der Worte »Seelenfresser« oder »seelentötend« kennen, wenn es um Dinge geht, die uns auf einer tiefen, fundamentalen Ebene schaden. Hier geht es nicht um Dinge, die lediglich unseren Kalender blockieren oder uns die Kraft rauben. Nein, hier ist die Rede von Dingen oder Menschen, die uns in unserer innersten, persönlichsten Freiheit und Zufriedenheit beschneiden. Ja, mir ist durchaus bewusst, dass ich wie Mel Gibson in *Braveheart* klinge.

Ich behaupte, dass *Freiheit* ein anderes Wort für *Seele* ist und dass Sie, indem Sie auf alle unnützen Dinge scheißen und nur zu den Dingen ja sagen, die Sie glücklich machen, die Art von Freiheit gewinnen können, die man durchaus als ... wage ich es zu sagen? ... »seelenbejahend« bezeichnen könnte.

DRAUF GESCHISSEN:
EINE VARIATION

Die NotSorry-Methode dreht sich hauptsächlich um das aktive Nein-Sagen. Der Entschluss, auf etwas zu scheißen, allein reicht nicht aus; in der Regel ist für Schritt 2 eine Handlung erforderlich: Sie müssen eine Einladung ausschlagen, ein Meeting absagen, jemandem Ihre neuesten Prinzipien darlegen. Umgekehrt gibt es die Dinge, zu denen Sie vielleicht gerne ja sagen würden, was Sie Zeit, Energie und Geld kostet – auch wenn Sie diese Ausgaben gerne tätigen.

Doch es gibt noch eine weitere, ähnlich transformative Möglichkeit des Drauf-Scheißens, die sowohl kurz- als auch langfristig wirken kann. Bei dieser – eher innerlichen – Version des Nein-Sagens geht es darum, im Geiste den Satz zu wiederholen: *»Das ist es einfach nicht wert.«*

Diese Technik empfiehlt sich, wenn sich etwa Ihr Gegenüber während eines Vorfalls – beispielsweise Ihr Boss oder ein Telefonanbieter – wie ein richtiges Arschloch oder sagenhaft inkompetent verhält, Sie aber nichts dagegen tun können. Natürlich könnten Sie explodieren, was erhöhten Blutdruck zur Folge hat, Ihren Job gefährdet oder dazu führt, dass Ihre Internetverbindung mysteriöserweise den Geist aufgibt. Das ist jedoch keine sinnvolle Reaktion, zumal Sie wahrscheinlich einfach nur Feierabend machen oder in Ruhe surfen und telefonieren wollen.

In solchen Fällen ist es leicht, sich in selbstgerechte Empörung zu flüchten – ein Zustand, in dem Sie mehr Energie vergeuden, als Ihr unverschämtes und/oder dämliches Gegenüber es wert ist. Statt sich von den schlechten Schwingungen auffressen zu lassen, so wie eine Gottesanbeterin nach dem Sex ihren Partner auffrisst, versuchen Sie lieber ... darauf zu scheißen.

Sagen Sie sich: *Das ist es einfach nicht wert*, und haken Sie die Sache ab.

GETEILTE FREUDE
IST DOPPELTE FREUDE

Wenn Sie einer aus der kleinen Schar Erleuchteter sind, die auf vieles zu scheißen gelernt haben, werden Sie Ihre neugewonnene Weisheit zwangsläufig mit Ihren Mitmenschen teilen wollen. Ich kann Ihnen gar nicht sagen, wie viele Menschen schon meinen Vorträgen über die Wirkung der NotSorry-Methode gelauscht und beschlossen haben, selbst einiges in ihrem Leben zu verändern. Ich habe Kollegen geholfen, ihres unnützen Papierkrams Herr zu werden, habe Freunde unterstützt, ihre jährliche Urlaubsplanung zu verbessern, und ich habe sogar meinen eigenen Eltern beigebracht, auf mehr Dinge zu scheißen. Sie sind wahnsinnig stolz auf sich.

Ich tue all das nicht aus purem Altruismus. Ich scheiße auf Altruismus! Ich tue das, weil ICH mich damit gut fühle. Ich sage Ihnen: Es ist großartig, auf etwas zu scheißen, aber es ist noch besser, anderen dabei zu *helfen*, auf etwas zu scheißen.

Und schlussendlich tue ich es aus folgendem Grund: Wenn wir alle auf mehr Dinge scheißen würden, wären wir viel glücklicher und gesünder, und die Welt wäre ein besserer Ort. Für mich.

WISSEN, WAS SIE NICHT BRAUCHEN

Auch bekannt unter dem Titel »Worauf Sie höchstwahrscheinlich immer schon hätten scheißen können«.

Ein wundervoller Nebeneffekt, wenn man lernt, zu etwas nein zu sagen, ist, dass man die Wachstumsschmerzen, die bei den ersten Versuchen auftreten, annimmt und mit der Zeit in einen Rhythmus kommt, in dem man aufhört, ständig an sich zu zweifeln – wodurch wiederum die Zeit, die der Vorgang des Nein-Sagens in Anspruch nimmt, ebenso wie begleitende Angstgefühle deutlich reduziert werden. **Überhaupt führen Ängste und Zweifel zu unnötigen Jas.**

Die NotSorry-Methode gibt Ihnen die Instrumente an die Hand, das Leben aus einer neuen Perspektive zu betrachten. Sie werden zu jemandem, der schnell und einfach jede Situation einschätzen und entsprechend handeln kann. Und Sie lernen, die dadurch zurückgewonnenen

Zeit-, Energie- und Geldressourcen für wichtigere Dinge zu verwenden.

Und hier kommt das Beste: **Wenn Sie auf einige Dinge scheißen, führt dies NICHT automatisch dazu, dass Sie dieselbe Menge an Zeit, Energie und/oder Geld für etwas *anderes* aufwenden.** Wahrscheinlich werden Sie feststellen, dass Sie, sobald Sie anfangen, auf einige Dinge, die Sie nicht glücklich machen, zu scheißen – und sich wieder für andere, bislang vernachlässigte Dinge zu interessieren –, **gar nicht mehr so viele Dinge in Ihrem Leben brauchen.** Dass es eben nicht siebenundvierzig Dinge, Ereignisse, Menschen und Hobbys gibt, mit denen Sie die siebenundvierzig ersetzen, derer Sie sich endlich entledigt haben.

Mit anderen Worten: Ich habe jede Menge freie Zeit, und es geht mir bombastisch.

DINGE, AUF DIE SIE VIELLEICHT DOCH NICHT SCHEISSEN SOLLTEN

Totale Offenheit: Es könnte im Folgenden ein bisschen kontraintuitiv werden. Sagen Sie nicht, ich hätte Sie nicht gewarnt. (Das habe ich nämlich, und zwar auf Seite 192.)

Bis jetzt haben wir uns hauptsächlich auf ein Eins-zu-eins-Verhältnis von ja vs. nein konzentriert: Sie verlassen um Punkt siebzehn Uhr das Büro, damit Sie das erste Inning des Dodgers-Spiels nicht verpassen; Sie sagen Ihre Teilnahme an der *Survivor: Monkeys vs. Robots*-Party ab, damit Sie stattdessen eine Tüte Chips aufmachen und endlich dieses Buch hier zu Ende lesen können. Das sind vollkommen legitime Belohnungen, die Sie in vielen Fällen täglich ernten können. Und sie werden Ihr Leben verändern.

Doch sobald Sie sich vollständig mit der NotSorry-Methode vertraut gemacht haben, sind Sie vielleicht willens, fähig und sogar begierig, noch einen Schritt weiter zu gehen. **Die Magie kann nämlich in einem noch größeren Rahmen wirken.**

Bestimmt haben Sie schon einige der Listen gesehen, die immer wieder durch die Sozialen Netzwerke geistern und Titel haben wie »Zwanzig gute Ratschläge eines Rentners an Zwanzigjährige« oder »Was die Menschen auf dem Sterbebett am meisten bereuen«. Und vielleicht haben Sie sich dabei gedacht: *Von mir aus; ich hab noch ein paar Jahrzehnte, bevor ich mir über solche Sachen Gedanken machen muss.*

Nun, wie Javier Bardem in *No Country for Old Men* sagen würde: »Think again, friendo.«

Die Realität sieht doch so aus: Sofern uns nicht von einem anerkannten Facharzt eine ungefähre Lebenserwartung mitgeteilt wurde (und manchmal selbst dann nicht), weiß keiner von uns, wann genau der Zeitpunkt gekommen sein wird, an dem wir unsere sterbliche Hülle abstreifen. Schon morgen könnten Sie von einem Bus überfahren, von einem Rudel Wölfe zerfleischt oder von einem Clown zu Tode erschreckt werden.

Wollen Sie da nicht jede Sekunde Ihres Lebens auskosten?

Manchmal bedeutet das, dass Sie andere Akzente setzen und statt all der kleinen Jas und Neins, die wir bisher behandelt haben, zu etwas Großem ja sagen.

Um Ihnen dabei zu helfen (denn so bin ich nun mal), habe ich mir die Freiheit genommen, das Internet nach zahllosen verschiedenen Versionen der obengenannten Listen zu durchforsten und die fünf am häufigsten genannten Punkte herauszusuchen. **Das sind die Dinge, auf die Sie vielleicht doch nicht scheißen sollten.** Diese Punkte sind nicht mit den kurzfristigen Verbesserungen zu verwechseln, die Sie vielleicht schon erreicht haben. Nein, hier handelt es sich um **langfristige Ziele**, die man inmitten des alltäglichen Schnickschnacks, das das Leben der meisten Menschen bestimmt, schnell – und unwiderruflich! – aus den Augen verlieren kann.

Hier sind sie, in keiner bestimmten Reihenfolge:

REISEN

Eine kleine Reise hier und da als Belohnung dafür, dass Sie auf eine andere Verpflichtung scheißen – das ist eine Sache; aber was die Menschen, die ihre Reue-Listen ins Internet stellen, wirklich meinen, sind *richtige* Reisen. In die Ferne schweifen. Wanderlust. Die Welt sehen. Treffen Sie sich nicht bloß alle halbe Jahre mit der alten Clique in Tahoe (obwohl das sicher auch ganz nett ist) – da geht noch mehr! Das Reisen könnte zu einem festen Bestandteil Ihres Lebens werden.

BESSER AUF DIE EIGENE GESUNDHEIT ACHTEN

Ehrlich gesagt, scheiße ich auf Sport. Warum soll ich mich abrackern, nur um Kalorien zu verbrennen oder meinen Sport-BH durchzuschwitzen? Aber Gesundheit ist nicht nur die Anzahl von Stützstrecken, die Sie machen können. Gesundheit beinhaltet auch umfassendere Ziele, wie mehr Schlaf, innere Ruhe und dass man in Zeiten von Stress nicht eine ganze Käsepizza in sich reinstopft, wie Liz Lemon in *30 Rock* es zu tun pflegt. Keine Ahnung, wie es Ihnen geht, aber ich war durchaus schon in der Situation.

EINE FREMDSPRACHE LERNEN

Rom wurde nicht an einem Tag erbaut, und in der Stunde, die Sie dadurch gewinnen, dass Sie den Teambuilding-Workshop schwänzen, können Sie sicher kein Meister in italienischer Konversation werden. Aber selbst wenn Sie null Interesse daran haben, Dante im Original zu lesen, möchte ich festhalten, dass es mit dem Erlernen einer Fremdsprache genauso ist wie mit vielen anderen Dingen, die man bedauert, nie getan zu haben – einen Marathon laufen etwa oder eigenes Gemüse züchten: Man schiebt sie leicht vor sich her, denn: *c'è sempre domani.*

FÜR DAS ALTER VORSORGEN

Vielleicht ist es Ihnen scheißegal, ob Sie später eine Rente haben, von der Sie gut leben können, wenn Sie zu alt und klapprig sind, um sich noch jeden Tag ins Büro zu schleppen. Vielleicht lautet Ihr Motto ja »Lebe schnell, liebe heftig, verarme im Alter«. Von mir aus. Allerdings scheinen sehr viele Menschen jenseits der sechzig das anders zu sehen, deshalb wollte ich es nur erwähnen.

EIN AUFSEHENERREGENDES
KUNSTSTÜCK ERLERNEN

Wenn Sie zu den erleuchteten Individuen zählen, die ihre Verpflichtungen in Beruf, Freundeskreis und Familie erfolgreich so weit reduziert haben, dass sie ein paar Stunden pro Woche brennende Kegel jonglieren können, einfach nur, weil Sie Bock drauf haben, dann sind Sie ganz offiziell ein Gewinner.

MACHEN SIE IHR DING

Aber vielleicht sitzen Sie ja lieber zu Hause auf der Couch. Vielleicht sind Sie bereits eine Sportskanone. Oder vielleicht haben Sie, so wie ich, zwei linke Hände und werden das Jonglieren nie erlernen. Sie *müssen* sich für keinen Punkt auf der Liste oben interessieren oder sonst irgendwas tun, wofür sich irgendjemand anders interessiert.

Sie können meine Vorschläge annehmen oder auch nicht.

Not Sorry soll richtungsweisend, inspirierend und befreiend sein, nicht einengend und tyrannisch. Mein Standpunkt bezüglich Karaoke etwa wird bestimmt von mindestens der Hälfte derjenigen, die dieses Buch lesen, nicht geteilt. Und er mag diejenigen verwirren, die Zeuge geworden sind, wie ich unter dem kombinierten Einfluss von Rumpunsch und Gruppendruck »Faith« oder »Like a Virgin« gesungen habe. Wie auch immer. Ich mache mein Ding, Sie machen Ihres!

Beim Schreiben dieses Buches habe ich nicht nur Feedback von Hunderten Fremden bekommen, die an meiner Umfrage teilgenommen haben, sondern auch von Freunden und Familienangehörigen, meiner Agentin und ihrer Assistentin, meinem Verleger, meiner PR-Beraterin, diversen Verlagsmitarbeitern sowie einigen Fremden, deren Weg ich zufällig zur rechten Zeit gekreuzt habe. (Gern geschehen.) Aus Gesprächen mit ihnen weiß ich, dass jeder Weg zur Erleuchtung mit einer ganz individuellen Kombination aus Jas und Neins gepflastert ist und dass die Lust des einen durchaus der Frust des anderen sein kann.

Und dagegen ist überhaupt nichts einzuwenden. **Ihre Jas gehören *Ihnen*. Sie können mit ihnen machen, was Sie wollen.**

Natürlich dürfen Sie jederzeit Ihre Meinung ändern und Ihre persönlichen Prinzipien modifizieren. Haben Sie schon von dem Begriff »Gelegenheitsverbrechen« gehört? Nun ja, manchmal gibt es eben auch so etwas wie ein Ja aus Gelegenheit. Ich mache mir nicht das Geringste aus Karaoke, aber wenn ich schon mal in einer Karaoke-Bar bin und jemand mir mit dem Mikro vor der Nase herumwedelt und ich genug Bacardi intus habe, um ein Pony ins Koma zu versetzen, dann ... hat das eben gewisse Folgen.

Was ich damit sagen will, ist dies: Im Eifer des Gefechts sagen Sie vielleicht unerwartet zu etwas ja, wozu Sie ein andermal nein gesagt hätten, und vielleicht macht es Ihnen sogar Freude. Oder wenigstens den Leuten, die dabei zuschauen, wie Sie sich zum Affen machen. Auch das kann man seinen Mitmenschen durchaus hin und wieder gönnen.

SCHEISS AUF DIE HATER

Im Stile der allerersten Ermahnung, die ich Ihnen mit auf den Weg gegeben habe und in der es darum ging, einen Scheiß darauf zu geben, was andere Leute denken, möchte ich nun noch ein besonderes Schlaglicht auf eine Unterkategorie besagter »Leute« werfen: die Hater. An diesem Punkt in Ihrem Studium der NotSorry-Methode werden Sie vermutlich einigen Vertretern dieser Gattung begegnen, und Sie tun gut daran, darauf vorbereitet zu sein. Diese Leute reagieren bestenfalls mit Unverständnis, schlimmstenfalls mit tiefer Entrüstung auf *Ihre* Entscheidungen bezüglich *Ihres* eigenen Lebens. Sie haben nicht das Bedürfnis oder den Mut, sich der NotSorry-Methode zu öffnen, aus welchem Grund auch immer. Und das macht überhaupt nichts! Lassen Sie sich nur nicht von ihrer Engstirnigkeit oder Unsicherheit infizieren. Ihr Leben ist großartig und wird mit jedem Tag besser. Scheiß auf die Hater!

ÜBER DEN PFAD
DER ERLEUCHTUNG

Ganz egal, wo Sie innerhalb des NotSorry-Spektrums standen, als Sie mit diesem Buch begonnen haben, ich vertraue darauf, dass Sie auf Ihrem persönlichen Weg Fortschritte gemacht haben und bald den Rängen der Erleuchteten beitreten können, so wie ich selbst, Serena Williams und der

New Yorker Nachrichtensprecher Pat Kiernan. Ernsthaft, der Kerl hat das Drauf-Scheißen zur Kunstform erhoben – wir alle sollten danach streben, mehr wie Pat Kiernan zu werden, der in *The Amazing Spider-Man 2* und im neuen *Ghostbusters*-Film sogar einen Gastauftritt als er selbst hatte.

Aber zurück zu Ihnen. Sie haben es bis hierher geschafft, das heißt, Sie müssen es doch wenigstens ein bisschen gewollt haben, stimmt's? Sie müssen die Nase voll davon gehabt haben, Ihr Leben als eine Reihe von Verpflichtungen zu betrachten, die Sie erfüllen, Menschen, die Sie ertragen, und Termine, die Sie hin und her schieben müssen. Bis sich wie durch Zauberhand ein freier Nachmittag vor Ihnen auftat und Sie dieses Buch in die Hand nahmen.

Oder vielleicht war es ja auch ein Geschenk von einem Freund. In dem Fall wollte selbiger Freund Ihnen womöglich etwas sagen.

Wie immer der Weg aussieht, der Sie hierhergeführt hat, ich hoffe, dass *Not Sorry* Ihnen aufzeigen konnte, dass Nein-Sagen möglich ist, ohne dass Sie dabei einen Nervenzusammenbruch erleiden. Zwei Wochen im Sanatorium können ganz nett sein, aber wenn alle Stricke reißen, ist Aufhängen bekanntlich auch keine Lösung mehr.

Wow, das war ziemlich düster ... tut mir leid.

Was ich damit eigentlich sagen wollte, ist dies: Die NotSorry-Methode ist nicht nur praktisch in konkreten Situationen. Sie wirkt auch vorbeugend! Sie kann Sie nicht nur vom Deckenbalken herunterholen, sondern Sie davon abhalten, überhaupt erst da hochzusteigen. Vielleicht möchten Sie sie täglich anwenden, so wie manche Menschen täglich in der Bibel lesen. Oder vielleicht auch nur hin und wieder, so wie man einen Stadtplan konsultiert. Sie können sie als eine Art GPS für die Seele betrachten. Oder Sie können mit ihr auf einen einsamen Acker fahren und sie erschießen. Interessiert mich nicht die Bohne.

Ach wirklich, Sarah, und warum nicht?

Ich glaube, das wissen Sie selbst.

Nachwort

Seit ich mit der Arbeit an *Not Sorry* begonnen habe, sind mir viele Menschen begegnet, die zu Dingen ja gesagt haben, zu denen sie eigentlich nicht ja sagen wollten oder mussten. Ich habe erlebt, wie Freunde am Wochenende haufenweise unbezahlte Überstunden machten; wie Menschen sich auf Dates einließen, auf die sie überhaupt keine Lust hatten, und wie mein eigener Mann einen erbitterten Kampf mit einem Call-Center-Mitarbeiter führte, bei dem von Anfang an klar war, dass er ihn nicht gewinnen konnte. Es stimmt mich froh zu wissen, dass die NotSorry-Methode nunmehr für all diese Menschen in Zeiten der Not verfügbar ist – als eine grundlegende Philosophie, die ihnen dabei helfen kann, ab jetzt ihr bestmögliches Leben zu leben.

Im Jahr 1837 schrieb Hans Christian Andersen das Märchen *Des Kaisers neue Kleider*, in dem ein verblendeter Monarch splitternackt durch die Stadt stolziert, weil er glaubt, einen Anzug zu tragen, der so exquisit, so kostbar ist, dass er für alle »hoffnungslos dummen« Menschen unsichtbar ist – so hat es ihm zumindest der Betrüger erzählt, der ihm das Gewand verkauft hat. Auch der Kaiser selbst sieht die Kleider natürlich nicht, aber das kann er unmöglich zugeben – genau wie seine zahlreichen Berater, die um ihre Stellung fürchten. Die Stadtbewohner, die die Straßen säumen, tun nicht nur so, als könnten sie des Kaisers Kleider sehen, sie preisen auch noch lautstark die Schönheit der Stoffe und die Feinheit des Schnitts. Das geht so lange, bis irgendwann ein kleines Kind ruft: »Aber er hat ja gar nichts an!« Durch die Wahrheit befreit, können alle endlich zugeben, was sie die ganze Zeit bereits vor Augen hatten: dass der Kaiser nackt ist.

Ich betrachte mich als dieses Kind. Nur dass der Kaiser die Gesellschaft ist, seine Kleider sind zeit-, energie- und geldfressende Dinge in meinem Leben, und ich stehe da und rufe: »Ist mir doch scheißegal!«

Und Sie, liebe Stadtbewohner, können das auch rufen.

Das ist mein Traum.

Und obwohl ich bislang noch nicht ins NotSorry-Nirwana eingetreten bin, wandere ich jeden Tag weiter auf dem Pfad der Erleuchtung. So habe ich gerade erst diese Woche auf thailändisches Essen, Late-Night-Talkshows (ich werde dich vermissen, Jon Stewart!) und das nationale Komitee der Demokratischen Partei geschissen. Hört auf, mich anzurufen, Leute. Das nervt tierisch.

Schlussendlich habe ich viel Zeit damit verbracht, das NotSorry-Konzept Leuten gegenüber zu verteidigen, die der Ansicht sind, das von mir propagierte Verhalten wäre ein bisschen ... zickig. Gemein. Vielleicht sogar schon an der Grenze zum Soziopathischen?

Pech gehabt. Einerseits möchte ich nicht, dass diese Menschen schlecht von mir denken. Andererseits sage ich seltener, bewusster ja und lebe mein bestmögliches Leben.

Und wissen Sie, was?

Not sorry!

SCHEISSEN

SIE

DRAUF

UND FANGEN SIE AN, IHR BEST-MÖGLICHES LEBEN ZU LEBEN!

Danksagung

Ich schätze mich glücklich, in einer Zeit zu leben, in der die Drauf-geschissen-Momente von Personen des öffentlichen Lebens – und gelegentlich auch des gemeinen Mannes – durch die Medien weite Verbreitung finden. Ich möchte den Mitgliedern der nun folgenden »Drauf geschissen«-Hall of Fame* dafür danken, dass sie mich jeden Tag beim Schreiben dieses Buches inspiriert haben:

DIE »DRAUF GESCHISSEN«-HALL OF FAME

3. Oktober 1992: Sinéad O'Connor zerreißt in der Sendung *Saturday Night Live* ein Foto des Papstes.

20. Januar 2015: Ruth Bader Ginsburg, die Vorsitzende des amerikanischen Bundesgerichts, schläft während der Rede zur Lage der Nation ein ... weil sie betrunken ist.

* Haben Sie eigene Vorschläge für die Hall of Fame? Senden Sie sie an magicofnotgaf@gmail.com. Ich liebe es, Post von meinen Lesern zu bekommen!

25. Juli 1965: Dylan goes electric.

13. September 2009: Kanye West unterbricht bei den *MTV Video Music Awards 2009* Taylor Swifts Dankesrede für die Auszeichnung in der Kategorie »Bestes Musikvideo« mit seinem berühmten »I'ma let you finish« und behauptet, Beyoncés Video sei »eins der besten aller Zeiten« gewesen.

28. Februar 2011: Charlie Sheen ist zu Gast in der *Today Show*, fordert drei Millionen Dollar Gage pro Folge für seine Rolle in *Two and a Half Men* und behauptet, er habe »Tigerblut«-DNA.

7. Juni 1993: Prince ändert seinen Namen in ein unaussprechliches Symbol, um aus seinem Vertrag mit Warner Brothers rauszukommen.

15. Dezember 2011: RIP Christopher Hitchens, Großmeister des Scheißegal.

10. März 2003: Natalie Maines von den Dixie Chicks sagt dem Publikum bei einem Konzert in London, ihre Band »schämt sich, dass der Präsident der Vereinigten Staaten Texaner ist«.

19. Oktober 2015: Angeblich würgt ein Passagier auf einem Flug der Southwest Airlines eine Frau, weil diese zuvor ihren Sitz zu weit zurückgelehnt hatte.*

---

* http://gawker.com/man-allegedly-strangles-woman-over-reclining-seat-1737308260?utm_campaign=socialflow_gawker_facebook&utm_source=gawker_facebook&utm_medium=socialflow

16. Februar 2007: Britney Spears rasiert sich die Haare ab, lässt sich ein Tattoo stechen und verprügelt eine Woche später ein Auto mit einem Regenschirm.

21. Oktober 1992: Madonna bringt einen Bildband erotischer Fotos mit dem Titel *Sex* heraus, in dem ihr damaliger Freund abgebildet ist ... Vanilla Ice.

21. September 2015: Diese Pizza-Ratte in der New Yorker U-Bahn macht ihr Ding.*

Mein Ehemann Judd Harris sagt jeden Tag unzählige Male ja zu mir. Und nicht nur das: Er hilft mir seit 1999 dabei, mein bestmögliches Leben zu leben. Er ist einfach der Allerbeste.

Meine Agentin Jennifer Joel ist der Inbegriff von Stil und Kultiviertheit, deswegen bedeutet mir ihr Gütesiegel für dieses Projekt sehr viel. Sie hat mich von Anfang an unterstützt. Sie ist ein gottverdammter Star.

Mein Lektor Michael Szczerban hat mich des Öfteren vor mir selbst gerettet, auch im Angesicht knappster Deadlines und immer mit größter Souveränität. Er ist sowohl ein brillanter Lektor als auch ein echt guter Typ.

Viele Menschen bei Little, Brown und ICM – einschließlich, aber nicht beschränkt auf: Ben Allen, Reagan Arthur, Sabrina Callahan, Meghan Deans, Nicole Dewey, Liz Farrell, Lauren Harms, Sarah Haugen, Andy LeCount, Charles McCrory, Garrett McGrath, Madeleine Osborn, Miriam

* https://www.youtube.com/watch?v=UPXUG8q4jKU

Parker, Tracy Roe, Cheryl Smith und Tracy Williams – haben in allen Stadien bis zur Veröffentlichung zu diesem Buch bereitwillig und großzügig ja gesagt. Jane Sturrock von Quercus UK, Frederika Van Traa von Kosmos in den Niederlanden, Mariana Rolier von Rocco in Brasilien und der Ullstein Verlag in Deutschland führen die internationale Bewegung an. Go, Team NotSorry!

Meine Eltern haben angesichts der zahlreichen Kraftausdrücke im Buch keine Miene verzogen. Meiner Großmutter allerdings haben wir erzählt, ich hätte ein Buch über ... Enten geschrieben.

Zu guter Letzt: *Not Sorry* wäre niemals so umfassend geworden ohne die Beiträge Hunderter Menschen überall auf der Welt, die an meiner anonymen Umfrage teilgenommen haben – und die daher logischerweise anonym bleiben sollen. Es gab auch einige Dutzend Freunde und Verwandte, die mir Ratschläge gegeben haben und denen es vermutlich lieber ist, ebenfalls anonym zu bleiben. Das respektiere ich.

Wenn ihr das Buch lest, werdet ihr wissen, wer gemeint ist – und dass ich euch dankbar bin.